Waiblingen

Waiblingen

Porträt einer Stadtlandschaft

von Hansmartin Decker-Hauff
und Ulrich Gauß
Zeittafel: Wilhelm Glässner

Fotos: Joachim Feist

Konrad Theiss Verlag Stuttgart

CIP-Kurztitelaufnahme der Deutschen Bibliothek

Decker-Hauff, Hansmartin:
Waiblingen: Portr. e. Stadtlandschaft / von
Hansmartin Decker-Hauff u. Ulrich Gauß. Fotos
Joachim Feist. – Stuttgart: Theiss, 1985.
ISBN 3-8062-0401-2

NE: Gauß, Ulrich; Feist, Joachim

Bildnachweis

Luftbild Brugger, Stuttgart: Tafel 73, freigeg. vom
    Reg. Präs. Stuttgart Nr. 2/53471
Archiv Decker-Hauff: Textabb. 8, 10
Stuttgarter Luftbild Elsäßer: Tafeln 1 (49110), 2
    (84653), 42 (104955) freigeg. vom Reg. Präs.
    Stuttgart
Ruoff, Waiblingen: Tafel 69
Stadt Waiblingen: Tafeln 49, 50
Vorsatz mit freundlicher Genehmigung des
    Hauptstaatsarchivs Stuttgart

Schutzumschlag: Rolf Bisterfeld unter Verwendung
eines Fotos von Joachim Feist

© Konrad Theiss Verlag GmbH Stuttgart, 1985
ISBN 3-8062-0401-2
Alle Rechte vorbehalten
Satz und Druck: Druckhaus Waiblingen
Printed in Germany

Inhalt

Waiblingen einst   7
von Hansmartin Decker-Hauff

  »Eine der hervorragendsten Festungen
  Schwabens«   7
  Wirtembergische Hauptstadt Waiblingen?   13
  Bürgerstadt Waiblingen   22

Waiblingen heute   29
von Ulrich Gauß

  Gewachsen – zur modernen Stadt   29
  Wer sind die Waiblinger?   29
  Die Arbeit, von der wir leben   30
  Wie man wohnt   32
  In der Landschaft des Remstals   32
  Straßen und Schiene, zu Fuß oder mit
  dem Fahrrad   33
  Zentrum für Rems und Murr   34
  Was wir an unserer Stadt mögen   35
  Kirchen, Schulen, Einrichtungen   35
  Freunde in Europa   36
  Spielen und Feiern   37
  So wollen wir Waiblingen   38

Zeittafel   123
von Wilhelm Glässner

Waiblingen einst

von Hansmartin Decker-Hauff

»Eine der hervorragendsten Festungen Schwabens«

Hart an der Nordgrenze des schwäbischen Stammesgebiets lag Waiblingen, und der früher auffallend große Pfarrsprengel, der zu der alten Michaelskirche über der Rems gehörte, bildete so etwas wie eine Nordbastion des schwäbischen, des Konstanzer Bistums. Östlich lag das gleichfalls Michael geweihte Großkirchspiel Winterbach, westlich angrenzend finden wir einen ganz ungewöhnlich großen Sprengel um die Kirche St. Martin auf der Altenburg über dem Neckar. Dort, auf Cannstatter Boden, haben wir schon bald nach 700 den schwäbischen Herzog Gottfried urkundlich bezeugt – er schenkt Güter bei Cannstatt an das Kloster St. Gallen –, und bei der engen geographischen Zusammengehörigkeit des Waiblinger und des Cannstatter Raums darf man annehmen, daß Gottfried, daß überhaupt die ersten schwäbischen Herzöge entlang der alten Römerstraße vom Kastell Altenburg ostwärts durchs Remstal neben der Her-

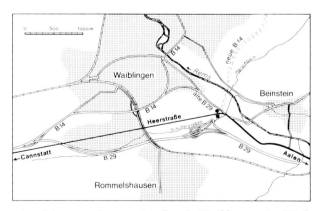 

1/2 Schon zur Römerzeit gab es in Waiblingen eine Töpferei. Sie lag an der römischen Straße von Cannstatt ins Remstal und belieferte ein weites Umland in der Hauptsache mit Gebrauchsgeschirr, einige Töpfer beherrschten aber auch die Terra-Sigillata-Herstellung

zogsgewalt auch reichen Eigenbesitz in und um Waiblingen in Händen hatten. Diese übermäßig großen Pfarrsprengel, die auch von Waiblingen talaufwärts lange unzertrennt beisammen geblieben sind (St. Mauritius in Oppelsbohm, St. Michael in Winterbach, St. Maria mitten im Römerkastell Laureacum/Lorch), sind den Forschern frühe schon aufgefallen; der Kirchenhistoriker Gustav Bossert d. Ä. hat darum von »Urkirchen« gesprochen, die er sich als Ausgangspunkte der Christianisierung unseres Landes vorstellte. Auch wenn man von Urkirchen in Bosserts Sinn heute nicht mehr ausgeht, sind diese Sprengel doch sehr deutlich herausgehoben, und alle folgen den Leitlinien, die von den Römerstraßen vorgezeichnet worden sind. Vier solcher Kirchen liegen dazuhin in oder unmittelbar neben römischen Kastellen (Cannstatt-Altenburg, Lorch, Unterböbingen, Aalen), und alle sind besonders »frühen« Heiligen geweiht. Kein Zweifel: Waiblingen war schon zur Zeit der Christianisierung, zur Merowingerzeit also, ein herausgehobener Ort, und ab etwa dem Jahre 700, wenn nicht schon früher, müssen wir uns die schwäbischen Herzöge als hier begütert denken.

Urkundlich gesichert sind Waiblingens nächste Herren. Im August 885 hielt Kaiser Karl der Dicke, der dritte Kaiser seines Namens aus dem karolingischen Hause, in *Ueeibelingan curta imperiali* Hof, und zwei der damals ausgestellten Herrscherurkunden (vom 23. und vom 25. August) sind erhalten geblieben. Schon 887 weilte der Kaiser wieder, und nun gleich zweimal, in Waiblingen: April und Mai zu einer für Ende April einberufenen großen Reichsversammlung, und im Oktober nochmals zu einem wichtigen Hoftag. Dabei wird die *curtis* des Kaisers nicht wieder erwähnt; die Urkunde vom Herbst 887 nennt als Ort des Geschehens lapidar *actum in villa* [quae] *dicitur Ueeibilinga.* Nach der unmittelbar darauf erfolgten Absetzung des kranken und als Regent unglücklichen Kaisers, blieb Waiblingen in der Hand der Karolinger. Zwar beruht die Angabe, Kaiser Arnulf habe zu Weihnachten 893 in Waiblingen Hof gehalten, auf einer Verwechslung mit (Bad) Aibling, doch ist Arnulfs Sohn König Ludwig das Kind, der letzte regierende deutsche Karolinger, für die Weihnachtszeit 908 in Waiblingen nachgewiesen.

Aus diesen Angaben hat man schon früh geschlossen, Waiblingen sei eine »karolingische Kaiserpfalz« gewesen, habe zum Reichsgut gehört und sei gewissermaßen als Zubehör des Reichs von Herrscher zu Herrscher gegangen. Schon Karl Stenzel hat aber richtig erkannt, daß man mit dieser Annahme kaum erklären kann, warum wir im Jahrhundert der großen Sachsenkaiser keinen einzigen Ottonenherrscher in Waiblingen oder in Verbindung mit der dort vorauszusetzenden Pfalz genannt finden. Man müßte ein völliges Schweigen der Urkunden annehmen, denn erst im Herbst 1080 wird Waiblingen wieder erwähnt, nun als Besitz des Salierkaisers Heinrich IV. Sollte eine Kaiserpfalz mit einer so günstigen Verkehrslage wirklich über 170 Jahre lang nicht aufgesucht, nicht genutzt worden sein? Wir hören auch 1080 nichts von einem *Aufenthalt* Heinrichs in Waiblingen, er schenkt am 14. 10. 1080 nur seine Güter in Waiblingen und Winterbach, wenn auch in sehr feierlicher Form, an den Speyrer Dom, die Gründung und Ruhestätte seiner Vorfahren. Eine besondere Verbindung seiner Eltern, Kaiser Heinrich III. und Agnes, und seiner Großeltern, Kaiser Konrad II. und Gisela zum Ort Waiblingen, leuchtet durch den Text der Urkunde durch.

Aber was geschah zwischen 908 und 1080? Hier helfen zwei Kaiserurkunden Heinrichs III. weiter: August 1046 und Dezember 1048 weilte er mit Gefolge nahe bei Waiblingen in Winterbach, das demnach in seiner Hand war, weshalb Stenzel, der älteren Forschung folgend, vermutet, daß auch »Winterbach damals ... kaiserliche Pfalz war«; aber er bedenkt auch die Möglichkeit, daß Winterbach ganz allgemein »zu den bedeutenden Erbgütern des salischen Herrscherhauses gehörte«. Damit ist Stenzel als erster von dem ausschließlichen Gedanken an eine »Pfalz« und an »Reichsgut« vorsichtig abgerückt.

Nimmt man nämlich Waiblingen als karolingisches

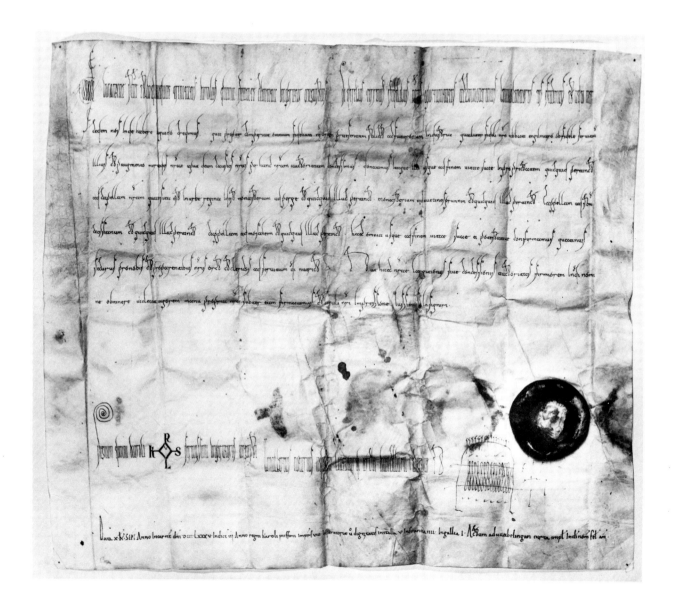

3 Herrscherurkunde Kaiser Karls des Dicken, ausgestellt im August 885 in Waiblingen

Reichsgut an, dann muß man auch mit Stenzel zugeben, daß es »keine sichere Entscheidung [gibt] in der Frage, wie lange die alte Karolingerpfalz noch zum Reichsgut gehört hat und wann und auf welchem Wege etwa sie gegebenenfalls in die Hände einer der mächtigeren Familien des Hochadels übergegangen sein mag«. Ein entfremdetes karolingisches Reichsgut also, das wohl schon um 1040, sicher aber 1080 Eigenbesitz der Salier war? Dann aber war es damals doch wohl schon ein *Erbgut* dieses Geschlechts, so daß die Entfremdung in die Zeit der Ottonen fiele?

Hier ist die spätere chronikalische Überlieferung beizuziehen, derzufolge der erste salische Herrscher Kaiser Konrad II. schon *vor* seiner Königswahl nach Waiblingen benannt worden ist, vor allem aber hilft hier das gewichtige Zeugnis Ottos von Freising in seinen *Gesta Friderici*, demzufolge im Zeitraum der langsam fest werdenden hochadeligen Familiennamen, also im 11. Jahrhundert, die Salier einfach die »Heinriche von Waiblingen« genannt worden sind. Der Chronist weiß, wovon er schreibt: der erste dieser Heinriche ist sein eigener Urgroßvater gewesen (Kaiser Heinrich III.), der zweite sein Großvater (Kaiser Heinrich IV.), der dritte sein Mutterbruder (Kaiser Heinrich V., der Bruder der Agnes von Waiblingen, der Stammutter der Staufer wie der Babenberger).

Die Gattinnen Heinrichs III. können Waiblingen nicht besessen und an die Salier vererbt haben: weder Gunhilt von Dänemark († 1038) noch Agnes von Poitu († 1077) hatten vor ihrer Heirat irgendwelche Beziehungen zu Südwestdeutschland. Waiblingen muß also schon den *Eltern* Heinrichs III., Kaiser Konrad II. und Kaiserin Gisela, der schwäbischen Herzogstochter, gehört haben. Dabei hat man sich angewöhnt, dem »armen« Konrad die »reiche« Erbin Gisela gegenüberzustellen. Sicher spricht vieles dafür, daß Gisela den Besitz in Waiblingen vom Vater (Herzog Hermann II. von Schwaben, † 1003) geerbt und 1016 ihrem dritten Gatten Konrad zugebracht hat, der dann nach dem Gut seiner Frau benannt worden wäre, der damit auch zwischen 1016 und 1024 vorzugsweise in Waiblingen gewohnt haben müßte. Neben Gisela kann aber auch Konrad selbst (trotz der Härte seiner väterlichen Verwandten, die das wehrlose Waisenkind um große Teile seines Vatererbes brachten) in Waiblingen Besitz gehabt haben, etwa über seine Mutter oder über die Mutter seines Vaters. Otto von Freising (Konrads des II. Ur-Urenkel) besaß ja noch eine deutliche Vorstellung davon, daß Kaiser Konrad (und nicht Kaiserin Gisela) zu Beinstein bei Waiblingen genealogische Beziehungen gehabt habe. Daß das römische Monument bei Beinstein, das einen antiken *Clodius* als Stifter nannte und noch im 12. Jahrhundert gut lesbar war, natürlich nichts mit *Chlodwig* dem Merowingerkönig zu tun hat, braucht dabei nicht eigens betont zu werden. Aber in Ottos Hinweis auf Vorfahren Kaiser Konrads, die in der Erinnerung seiner Nachkommen ganz allgemein mit Beinstein und Waiblingen verbunden waren, kann sehr wohl ein nachdenkenswerter Kern stecken.

Ist die »Pfalz« Waiblingen also von Vorfahren nicht nur der Gisela, sondern auch Konrads II. besessen worden? Waren damit beide Gatten – entfernt – miteinander verwandt? Haben die etwaigen gemeinsamen Vorfahren *beide* den Platz Waiblingen (wie man bisher annehmen muß) vom Reichsgut genommen und zu Eigen gemacht? Das müßte dann bald nach 911 und vielleicht schon vor 918 geschehen sein.

Aber es ist vielleicht gar nicht nötig, diesen postulierten Vorgang (vom Reichsgut zum hochadeligen Hausgut) anzunehmen. Der Tübinger Historiker Gerhard Baaken hat wiederholt darauf hingewiesen, daß eine »Pfalz« nicht immer ein rechtlicher und baulicher Sonderbezirk sein muß, sondern daß einfach ein Eigengut in Königshand, wenn und solange der Herrscher dort Hof hält, Recht spricht, Urkunden ausstellen läßt und seine Großen versammelt, ein ›palatium‹ ist, als Pfalz bezeichnet wird und nachher wieder ›locus‹, ›curtis‹ oder ›villa‹ heißt, also ganz so, wie das in den Urkunden über die Herrscherbesuche in Waiblingen der Fall ist. Wenn Kaiser Karl III. hier 885 und 887 Hof hielt, muß eine entsprechend große und lei-

4   Grabkrone der Kaiserin Gisela von Schwaben, Gemahlin Kaiser Konrads II. (Nachbildung im Heimatmuseum Waiblingen)

stungsfähige Anlage ja schon seit geraumer Zeit bestanden haben. Mit Baaken kann man sie als ein Hausgut der Karolinger betrachten, das nach deren Erlöschen mit dem Tode Ludwigs des Kindes nicht dem Reichsgut entfremdet werden mußte (denn es hat dann gar nicht zum Reichsgut gehört), sondern das einfach an die weiblichen Seitenverwandten der letzten deutschen Karolinger fiel. Die ganzen Überlegungen, wann, durch wen und wie Waiblingen seinen Herrn verlor und seinen Rechtscharakter änderte, können entfallen. Waiblingen war dann einfach karolingisches Eigen, kam an weibliche Nachkommen der Karolinger – und zu diesem gehörte die Kaiserin Gisela ja sogar in mehrfachen Abstammungslinien (ihr Hofkaplan und Biograph Wipo hat das ausdrücklich festgehalten!). Aber auch Kaiser Konrad II. hatte durch Ahnfrauen Karolingerblut. Waiblingen als Besitz in der Hand *beider* Gatten ist nur folgerichtig.

In dieser Sicht wird die frühe Herkunft des Karolinger Besitzes im Remstal einleuchtend. Karl der Große hat (nach der Elsässerin Himiltrud, die er nach wohl mehrjähriger Ehe verstieß und nach der langobardischen Königstochter, die er sehr bald wieder heimschickte) als dritte Frau 771 Hildegard geheiratet, die Tochter eines schwäbischen Großen Gerold und dessen Gattin Hemma. Diese wiederum war eine leibliche

Nachfahrin jenes Schwabenherzogs Gottfried, mit dem bald nach 700 die urkundliche Überlieferung in unserem Raum einsetzt. Gottfrieds Güter im »Herzraum des ganzen Landes« um Cannstatt, an Rems, Neckar und Glems, sind wohl früh geteilt worden; er hat St. Gallen und Konstanz hier beschenkt, anderes fiel wohl um und nach 746 an fränkische Machthaber. Aber einen immer noch großen Teil muß Hildegard ihrem Gatten Karl zugebracht und den gemeinsamen Kindern vererbt haben (z. B. Gebiet um Nagold, Ulm, Kempten und andernorts). Schließlich stammen ja alle Karolinger von Hildegard her. Gerade wenn der alte Gerichtsmittelpunkt Cannstatt, wie der spätere Besitzstand dort deutlich macht, schon früh und mehrfach geteilt, unter ganz verschiedene geistliche und weltliche Herren kam, mußte ein benachbarter *ungeteilter* Besitz in derart ausgezeichneter Lage seinem Inhaber besonders wert bleiben. Daß das Großgebiet Waiblingen – Winterbach so deutlich und so lange beisammengehalten wurde, spricht für seinen Charakter als Eigengut weltlicher Herren. Bei Reichsgut muß man erfahrungsgemäß mit stärkerer Zersplitterung, mit frühem Übergang wichtiger Teile in die Hände geistlicher Herren rechnen.

Ist Waiblingen erst Eigenbesitz der alten schwäbischen Herzöge und dann ihrer karolingischen Nachfahren gewesen, dann ist auch das lange Schweigen der Urkunden von 908 bis zum Einsetzen der Zeugnisse für ein salisches Waiblingen (1024?, 1046, 1048, 1080, 1086) besser verständlich: ein Eigengut, das sich »normal« in einer Familie, genauer in einer *genealogia*, also einer Erbengemeinschaft in männlicher und weiblicher Linie forterbt, steht ja nicht im Rampenlicht, bedarf keiner Urkunden und sieht in seinem Hauptort, wenn dieser nicht gerade dem Herrscherhause gehört, auch keine Reichsversammlungen, auf denen wichtige Urkunden geschrieben werden. Wenn Waiblingen und sein Umland von 911 bis 1024 über das ottonische Jahrhundert hinweg einem Hochadelsgeschlecht gehörte, das *nicht* die deutsche Krone trug, dann ist das Fehlen schriftlicher Zeugnisse in einem ruhigen, mindestens in einem nicht umstrittenen Erbgang einleuchtend begründet.

Von Kaiser Arnulf und König Ludwig dem Kind und ihren Erben bis zu Kaiser Konrad II. und Kaiserin Gisela sind es, beim damaligen frühen Heiratsalter, etwa vier, wenn nicht fünf Generationen; die Waiblinger Erblasser gehören also wohl jeweils zu den Ururgroßeltern des ersten salischen Kaiserpaares. Die Zwischenbesitzer können sehr wohl große Herren, aber die dürften schwerlich deutsche Herrscher gewesen sein. Eine solche Abstammung hat vor kurzem der Frankfurter Rechtshistoriker Armin Wolf aufgezeigt. Seine geistvolle Gleichsetzung des (seit etwa 960 bezeugten) Grafen Kuno von Öhningen (Schwiegersohn des Stuttgarter Stadtgründers, des Herzogs Ludolf von Schwaben) mit dem späteren Herzog Konrad von Schwaben (982–997) löst viele Fragen der innerschwäbischen Geschichte. Vor allem wird mit Wolfs Erkenntnissen die bisher äußerst komplizierte Besitzgeschichte des Stuttgarter Tales geklärt und wesentlich vereinfacht. Wo ich (1965 in der Geschichte der Stadt Stuttgart) noch einen mehrfachen Austausch von Erbportionen unter Vettern und ein wiederholtes Teilen und Tauschen auch noch zwischen entfernten Verwandten anzunehmen gezwungen war, um die sicheren Fakten der Stuttgarter Besitzgeschichte miteinander zu verbinden, gelangt man mit Wolfs Vorschlägen zu einer ganz einfachen Vererbung innerhalb einer und derselben Personengruppe. Überdies hat Professor Helmut Dölker, der Altmeister der deutschen Flurnamenforschung und seit 50 Jahren der beste Kenner der Stuttgarter Flurnamen, mir die Übereinstimmung der Ansichten Wolfs mit den Aussagen der Flurnamen zur Stuttgarter Rodungs- und Siedlungsgeschichte bestätigt.

Gestützt auf Armin Wolfs Gleichung wird Kaiserin Gisela, die gesicherte Besitzerin des Stuttgarter Tales, zur Urenkelin Herzog Ludolfs, des Gründers des Stutengartens, wird aber auch Giselas Gatte Konrad (Erbauer einer Siedlung und Kirche Frankenbach neben dem Stutengarten) Mitbesitzer alten schwäbischen

Herzogsgutes und sind schließlich (mindestens) zwei Abstammungslinien zu Karolingertöchtern um 890 aufzufinden. Auf Waiblingen angewandt: Baakens Beobachtungen entheben den Forscher der fast aussichtslosen Suche nach Zeitpunkt und Form eines Übergangs der Kaiserpfalz der Karolinger zum Eigen der Salier. Was Stenzel gegen Karl Weller vorsichtig zu bezweifeln wagte, ist mit Baakens Lösung erhärtet: das karolingische Eigengut Waiblingen, zu großer Hofhaltung sichtlich gut geeignet, gelangte als Allod an die salischen Stammeltern. Mit Wolfs Gleichsetzung (Kuno von Öhningen ist Herzog Konrad von Schwaben) läßt sich ein einleuchtender Weg aufzeigen, auf dem Waiblingen im 10. Jahrhundert weitervererbt worden sein dürfte. Das alte, schon lange ausgebaute Waiblingen hat dann einige Generationen lang die gleichen Herren gehabt, wie das ganz junge, eben gegründete Stuttgart, das dann, viel später, Waiblingen den Rang ablaufen sollte!

Der hochadelige Sitz Waiblingen hätte dann, immer wieder durch Frauen weitergegeben, aber eben doch immer auch innerhalb einer Gruppe nächstverwandter Personen tradiert, jeweils so viel bedeutet, wie die jeweiligen Besitzer daraus machen konnten. Schauplatz von Hoftagen unter den Karolingern, wird es unter wechselnden Herren in ottonischer Zeit nicht mehr urkundlich genannt, vererbt sich aber durch Karolingernachfahrinnen bis auf Gisela (und vielleicht auch auf Konrad; ja vielleicht sahen diese beiden im gegenseitigen Anteilbesitz an Waiblingen überhaupt einen weiteren [oder überhaupt *den?*] Grund für ihren Eheschluß, der ja dann von Kaiser Heinrich II. so spürbar angefochten wurde).

Die zum Königtum gelangten Salier werden nach diesem Ort benannt, und die »Heinriche von Waiblingen« bilden schon bald eine Waiblingen-Tradition aus. Die Staufer, Nachkommen der salischen Erbtochter Agnes von Waiblingen, übernehmen Sitz und Umland, Namen und Tradition, ja unter ihnen (durch sie?) kommt Waiblingen in aller Mund: als Kampfruf, als Gruppenname, als Parteienbezeichnung, als politisches Schlagwort, als Schmähname dort, als Ehrenname hier. In Waiblingen läßt eine spätere Überlieferung Barbarossa geboren sein, noch in der deutschen Romantik denkt sich die Sehnsucht nach dem Glanz des Ghibellinentums die Reichskrone in Waiblinger Obhut. Fern aller Verklärung war Waiblingen in den scharfen beobachtenden Augen des staufischen Zeitgenossen eine der hervorragendsten Festungen in Schwaben.

Wirtembergische Hauptstadt Waiblingen?

Kaum ein anderes Ereignis hat so tief in die Waiblinger Geschichte eingegriffen wie der Übergang des Ortes aus der Hand der Staufer in die der Wirtemberger. Keine Urkunde, keine Chronik berichtet uns Hergang und Jahr, nicht einmal der Zeitraum kann genau umgrenzt werden. Zwei Meinungen stehen sich unvereinbar gegenüber: Die älteren Forscher, vor allem Christoph Friedrich Stälin und Eugen Schneider, nahmen an, Waiblingen habe zu jenen Gütern gehört, die Graf Ulrich I. von Wirtemberg nach seinem Verrat an der staufischen Sache (in der Schlacht von Frankfurt, Sommer 1246) gegen Land- und Reichsrecht, aber mit päpstlicher Deckung den Staufern geraubt habe. Dazu stimmt, daß Waiblingen schon 1253 urkundlich als wirtembergischer Ort erscheint. Dagegen spricht aber, daß später König Rudolf von Habsburg, der alles seit 1246 entfremdete Staufergut ab 1273/74 konsequent zurückverlangte und dazu selbst kriegerischen Einsatz nicht scheute, gerade das wichtige Waiblingen nie zurückforderte: Er hat vielmehr, wie sein Verhalten von 1285 bis 1291 zeigt, Wirtembergs allem Anschein nach stichhaltige Rechte geachtet und statt dessen Wirtembergs den König einengende Stellung im unteren Remstal durch die Gründung der *Nova Civitas Waiblingen* wettmachen wollen. Daß der König zu dem umständlicheren Mittel einer Gegengründung, eines »Trutz-Waiblingen« griff, obwohl er wissen mußte, wie langsam ein solcher Prozeß anlief, wie spät erst er die erhoffte Wirkung haben konnte, das zeigt doch, daß ihm der einfachere Weg einer militärisch erzwungenen Rückgabe nicht offen stand, von der Rechtslage her unmöglich war. Waiblingen kann nicht erst 1246, kann nicht als Preis für einen Treubruch den Herren gewechselt haben, wirtembergisch geworden sein.

Eine ganz andere Meinung vertrat Karl Weller: Er nahm einen weit früheren Übergang Waiblingens an. Seiner Meinung nach wurde der wichtige Platz bereits am Anfang des Doppelkönigtums des Staufers Philipp von Schwaben und des Welfen Otto von Braunschweig, also 1198/1199 »verschleudert«. Weller hielt Waiblingen für eines jener Güter, das der junge König Philipp von Schwaben opfern mußte, um sich eine Gefolgschaft zu erkaufen. Die Wirtemberger hätten – nach Weller – schon um 1198/1200 das gesamte Gebiet von Winterbach bis Cannstatt an sich gebracht. Nur zögernd und mit Vorbehalten ist Karl Stenzel Wellers Hypothese beigetreten.

Einen Beweis für seine Theorie wollte Weller in der Beobachtung sehen, daß später Kaiser Friedrich II. bei seiner Städtegründungspolitik, mit der er die staufische Hausmacht in Schwaben und Franken wieder festigen wollte, das untere Remstal und das Land am mittleren Neckar »nicht mehr einbezogen« habe. Weller setzte dabei freilich stillschweigend voraus, daß der Kaiser hier nicht mehr tätig werden *konnte*, weil er über das Gebiet nicht mehr verfügte. Dabei übersah Weller allerdings dreierlei:

1) Es ist schwer vorstellbar, daß ein Gebiet, das für die Staufer so wichtig war – gerade damals tritt ja der Parteiname der Staufertreuen in Italien, der Ghibellinen, immer stärker in den Vordergrund! –, aus der Hand gegeben worden wäre, ohne daß wir (über mehr als ein halbes Jahrhundert!) auch nur die mindeste Nachricht von diesem entscheidenden Besitzerwechsel hätten. 2) Es war um 1198ff. gar nicht nötig, das Haus Wirtemberg zu »kaufen«, zu »werben«, wieder zu der Sache der Staufer zurückzuführen. In der Generation der Brüder Hartmann und Ludwig von Wirtemberg stehen beide Grafen unverbrüchlich zur staufischen Sache, schon vor Philipp und lange nach Philipp. Bis zu ihrem Lebensende haben Hartmann wie Ludwig nie ihre Stellung gewechselt, sind stets an der Seite der Staufer zu finden, haben gerade in Krisenzeiten (Mord an König Philipp 1208!) sich vor andern als Stützen der Staufer erwiesen. 3) Es ist Weller entgangen, daß die Staufer, insbesondere Kaiser Friedrich II., mehrfach das Privileg, eine Stadt zu gründen (also das ius munitionis) an befreundete, verwandte, verläßliche Parteigänger delegiert haben. Die Stadtgründungen der Markgrafen von Baden vom Neckar bis zum Kraichgau sprechen da eine deutliche Sprache, sie fügen sich der kaiserlichen Gesamtplanung genau ein.

Damit ist erneut die Frage nach dem Gründungsdatum, besser der Gründungszeit der Stadt Waiblingen gestellt. Urkunden von 1265 (Schultheiß und Bürgergemeinde), 1267 (Knabenschulmeister und städtische Schule), 1273 (*universitas civium* und *civitas*), 1287 (Gegengründung der Nova Civitas Waiblingen) und 1291 (erstes erhaltenes Stadtsiegel) setzen deutlich den Stadtcharakter schon für die Zeit um 1260 voraus. Wir wissen heute, nicht zuletzt dank der grundlegenden Arbeit von Heribert Kopp über die Anfänge der Stadt Reutlingen, daß der Prozeß von der ersten Intention einer Stadtgründung bis zum rechtlichen und wirtschaftlichen Funktionieren, also zum *Bestand* einer Stadt, viel länger gedauert hat, als noch etwa die Generation Karl Wellers glaubte. Auf jeden Fall ist der Zeitraum ab Frühjahr 1247 (dem frühestmöglichen Zeitpunkt einer rein wirtembergischen Stadtgründung in Waiblingen) viel zu knapp: Die um 1260 bestehende Stadt Waiblingen *muß* geraume Zeit *vor* 1246/47 geplant, gegründet, begonnen worden sein. Nach 1247 waren die Wirtemberger Grafen zudem durch das Großprojekt der Ost- und Westsicherung ihrer neuen Grafschaft mit *zwei* Städtegründungen – Schorndorf und Leonberg – mehr als ausgelastet.

Daß die Gründung der *Stadt* Waiblingen wenn nicht schon von den Wirtembergern begonnen, so doch von ihnen vollendet wurde, hat Karl Stenzel erkannt und ausgesprochen: Das Stadtsiegel (erster erhaltener Ab-

5 *Älteste farbige Zeichnung des Waiblinger Wappens von 1535*

druck 1291) zeigt die wirtembergischen (ursprünglich Veringischen) drei liegenden Hirschstangen. Unter Grafen von Wirtemberg, die diesen Schild führten, und das sind *nur* die Nachfahren Hartmanns, muß die Waiblinger Stadtgründung demnach abgeschlossen worden sein.

Mit Weller konnte man sich bisher Waiblingen nur als eine »antistaufische« Gründung der Wirtemberger denken, noch dazu auf einem Boden, auf dem die Staufer auch keine anderweitigen Rechte mehr hatten. Niemand hat daran gedacht, daß Friedrich II. das, was er den treuen Markgrafen von Baden zu seinem eigenen Vorteil zugestand, nämlich Städte im Netz der staufischen Planung zu gründen, auch den Grafen von Wirtemberg zugestehen konnte – sie waren schließlich nicht weniger treu, nicht weniger erprobt. Warum soll Waiblingen nicht – mindestens in seinen Anfängen – eine Gründung in staufischem Auftrag durch die verwandten und bewährten Wirtemberger Brüder Hartmann und Ludwig gewesen sein?

Vieles nämlich spricht für die Anwesenheit von Mitgliedern des Hauses Wirtemberg im engeren Waiblinger Raum schon vor 1246 und vieles für ein friedliches Nebeneinander von Staufern und Wirtembergern. Ein mindestens bis zum Tode des staufertreuen Hartmann von Wirtemberg (1240) anhaltendes Miteinander beider Mächte könnte alle Fragen am einfachsten lösen. 1253 vergab die Gräfin Mathilde (Gattin Graf Ulrichs des Stifters, eine geborene Markgräfin von Baden) mit Einwilligung ihres Gatten ein Haus in Waiblingen an das Kloster Adelberg. Daß die Zustimmung Ulrichs nötig war, zeigt, daß der Besitz zum »Widerlager« Mathildes gehörte, zur Gegenleistung für die von ihr eingebrachte Mitgift. Das aber bedeutet, was bisher nicht beachtet wurde, daß Graf Ulrich von Wirtemberg schon zur Zeit seiner Hochzeit mit Mathilde – um 1239/40 – Eigenbesitz in Waiblingen hatte.

Einen noch wichtigeren Hinweis auf wirtembergische Präsenz in Waiblingen gibt eine Urkunde, die Weller gar nicht, Stenzel als wenig aussagekräftig behandelte: der in Waiblingen 1236 geschlossene Heiratsvertrag zwischen dem großen Reichsministerialen Kuno von Münzenberg aus der Wetterau und Adelheid, der Tochter des Pfalzgrafen Wilhelm von Tübingen-Gießen. Diese auch für die Frühgeschichte des Hauses Wirtemberg wichtige Urkunde ist merkwürdigerweise an keinem münzenbergischen und keinem Tübinger Sitz ausgestellt worden, die Hochzeitsfeierlichkeiten fanden vielmehr in Waiblingen statt. Dorthin haben weder Bräutigam noch Brautvater vorher irgendwelche Beziehungen gehabt – aber die Braut*mutter* ist eine Wirtembergerin (Tochter Hartmanns), und der wichtigste Zeuge ist der junge Graf von Wirtemberg, Eberhard (Enkel Hartmanns). Wer mit seinem Gefolge von der Wetterau anreitet, hätte auch noch die Burg Tübingen geschafft – die Wahl Waiblingens geschah sicher nicht zur Streckenerleichterung. Vielmehr muß der Platz für eine große Fürstenhochzeit geeignet und müssen die Wirtemberger das Bindeglied zwischen der Burg Waiblingen und den Festgästen gewesen sein.

Mehrfach haben die Staufer die Aufsicht über besonders wichtige Burgen, auf denen sie nicht länger (und schon gar nicht dauernd!) anwesend sein konnten, der Burghut hochadeliger Herren anvertraut. Mit oder ohne Bezeichnung als »Burggraf« haben die bestellten Hüter in solchen Burgen gewohnt, haben die für die Burg lebensnotwendige Siedlung geschützt und ausgebaut, das Gericht gehegt, die nötigen Kriegsleute gehalten, die zugehörigen Kirchen bevogt, die Märkte und Straßen gesichert, die Gefälle eingezogen und verwaltet. Diese Burggrafen und Burghüter gehörten zum hohen Adel, sie alle hatten in der Umgebung der von ihnen betreuten Stauferburgen neben Amtsgut auch beträchtlichen Eigenbesitz. Das Beispiel der Zollern in Nürnberg, der Öttingen in Flochberg, der Staufeneck auf dem Staufen, der Reichsschenken in Limpurg und Hall, der Lindacher in Weinsberg mag für viele andere genannt sein. Die meisten von ihnen haben nach dem Sturz der Staufer die von ihnen betreuten Plätze ganz übernommen und ihre dort schon bisher besessene Amtsausstattung mit dem verwalteten Gut zusammen behalten, wie es ja auch die Stadt Hagenau im Niederelsaß unwidersprochen mit dem von ihr bisher verwalteten staufischen Reichsgut, dem »Heiligen Forst« getan hat.

Die Lösung, die alle bisherigen Widersprüche aufhebt, sieht wohl so aus: Noch unter Barbarossa, eher aber seit etwa 1190 unter Kaiser Heinrich VI. oder seinem Bruder König Philipp von Schwaben ging der Schutz des alten »Pfalz«-Bereichs *Waiblingen* und der zugehörigen offenen Handwerker*siedlung Waiblingen*, ebenso wie die Burghut über die jüngere (mehrfach erwähnte, später ganz zerstörte) staufische *Feste Waiblingen* in den Aufgabenkreis der in nächster Nachbarschaft begüterten und den Staufern blutsverwandten Grafen von Wirtemberg über. Graf Hartmann und sein Bruder Ludwig dürften die ersten derart Beauftragten gewesen sein. Da Graf Ludwig später meist in Italien weilte, wird Hartmann von etwa 1200 bis zu seinem Tode 1240 der Burghüter von Waiblingen gewesen sein. Als Friedrich II. um 1218ff. dem ihm verwandten Markgrafen Hermann von Baden die Erlaubnis gab, den badischen Platz Stuttgart zur Stadt auszubauen, dürfte er auch seinem Burggrafen in Waiblingen den Auftrag erteilt haben, aus der Siedlung neben »Pfalz«-Bereich und Festung Waiblingen eine Stadt zu machen. Waiblingen kann schon aus zeitlichen Gründen keine wirtembergische »Gegengründung« auf geraubtem Boden erst nach 1246 sein, aber es hat eine organische Entwicklung durchlaufen, die mit den zeitlichen und politischen Gegebenheiten wie mit den schriftlichen Zeugnissen in Einklang steht, wenn man die Stadtgründung als Ausfluß des kaiserlichen Willens und als Vorgang auf staufischem Boden sieht, begonnen, ausgeführt und vollendet durch die Grafen von Wirtemberg.

Ein solcher Prozeß dürfte um 1220, parallel zu Stuttgart, durch Graf Hartmann begonnen worden sein. Denkt man diesen als Burggrafen der Staufer in Waiblingen, Hartmanns Kinder mithin dort geboren und begütert, so wird verständlich, daß seine Tochter, die Pfalzgräfin von Tübingen, 1236 die Heirat ihrer Tochter in Waiblingen feiern konnte und wollte. Dort waren die Wirtemberger »zu Hause«, dort hatten sie auch Eigenbesitz, dort hat Ulrich der Stifter, Neffe der Pfalzgräfin und Enkel Graf Hartmanns, um 1239/40 seiner jungen Frau ihr Wittum gesetzt.

Nach 1246, ganz allgemein wohl nach Kaiser Friedrichs II. Tod 1250 wird Waiblingen in einem auch sonst zu beobachtenden Prozeß vollends wirtembergisch, so daß die Grafen sich im Recht sahen, der einst im staufischen Auftrag begonnenen Stadt am Ende ihr eigenes, wirtembergisches Wappen ins Siegel zu geben. Waiblingen als großer Dynastensitz wäre dann karolingisch, Waiblingen als namengebender Hauptort der »Waiblinger« salisch, Waiblingen als Feste und als Programmname staufisch, Waiblingen als Stadt ein staufischer Plan und eine wirtembergische Leistung.

In den Kämpfen zwischen König Rudolf von Habs-

6 Doppelgrab des Grafen Ulrich I. des Stifters mit seiner zweiten Gemahlin Agnes von Schlesien-Liegnitz in der Stuttgarter Stiftskirche

burg und Graf Eberhard dem Erlauchten ab 1286 wird Waiblingen nicht genannt. War die Stadt so fest, daß der König den Grafen nicht dort, sondern lieber in Stuttgart angreifen wollte? Gab es für den König keinen Rechtsgrund, in Waiblingen einzugreifen? War Waiblingen etwa – und das könnte vieles erklären – damals der älteren Linie Wirtemberg vorbehalten, also den Kindern von Eberhards bereits, 1279 verstorbenem älteren Halbbruder Graf Ulrich II.? Dann wäre die Stadt als Waisengut in Händen nicht von dem Streit betroffener Kinder aus dem Kriegsgeschehen herausgenommen gewesen.

Der Vormund dieser Kinder freilich war der ewig streitbare Graf Eberhard der Erlauchte, und um die Weihnachtszeit des Jahres 1287 stellte er in Waiblingen eine Urkunde aus, im Herbst 1297 feierte er dort ein großes Fest, nach Stenzel eine »politische Demonstration«. Hat sich Graf Eberhard als Vormund seiner Bruderskinder der Stadt und Festung bemächtigt und Waiblingen damit erst in eine Katastrophe hineingerissen?

Es ist Eberhard durchaus zuzutrauen, daß er die wichtige Feste nicht Kindern überlassen wollte. Er legte wohl seine Vormundspflichten so aus, daß er in Waiblingen präsent wurde und blieb; erst damit hat er dann die Gegengründung der »Neuen Stadt Waiblingen« aus der Sicht von König und Reich unumgänglich nötig gemacht. Bei solcher Abfolge von Ursache und

Wirkung bekommen die sonst undurchsichtigen Nachrichten doch einen Sinn. Die unmündigen Kinder Ulrichs II. waren durch ihre Mutter nächste Verwandte des Königs, um so mehr ließ dieser die Stadt 1296 unbehelligt. Als aber Eberhard sich so deutlich in ihr festsetzte, griff Rudolf ein. Die *Nova Civitas* war seine Antwort, und des Königs Schwager, Graf Albrecht von Hohenberg, zerstörte zuletzt die *Feste Waiblingen*.

Trotz aller königlicher Gunst: eigentlich geblüht hat die Gegengründung nie. Am stolzesten erklang ihr Name *Nova Civitas* – am Ende aber wurde daraus ein »Neustädtle«, je nach Tonfall spöttisch als Hinweis auf das zu weit gesteckte Ziel oder verhohlen zärtlich im Blick auf eine Plan und Spiel gebliebene, nie wirklich mächtig gewordene Gründung von König und Reich.

Das andere Waiblingen aber, das alte, das wirklich königliche, das wahrhaft bedeutende, war nun eine Stadt in der Hand des immer trotziger auftretenden Grafen Eberhard, der allen Königen – sechse hat er erlebt, »mit allen sechsen die Klingen gekreuzt« – mit hartem Eigensinn das eigene Gesetz seines werdenden Territorialstaates entgegenstellte, das eigene Recht der »Herrschaft zu Wirtemberg« verwirklichte.

Von der Höhe seiner Macht riß ihn das Glücksrad nach unten. Im Reichskrieg, den Kaiser Heinrich VII. gegen Eberhard seit 1310 führte, verlor der Wirtemberger sein ganzes Land, alle Städte, alle Burgen bis auf ein paar unbedeutende Plätze. Seine großen Städte »ergaben sich an das Reich«, schwuren dem alten Herrn ab und dem Kaiser zu. Am 12. August 1312 besiegelte Waiblingen seinen Vertrag. Es wurde wie Stuttgart, Schorndorf, Leonberg und alle andern damit kaiserlich – aber wurden sie alle reichsfrei? Waiblingen bekam als Zeichen der Wende ein neues Siegel: Man warf die Hirschstangen aus dem Wappen und setzte stolz den Reichsadler dafür – ganz wie die Reichsstädte wollte man sich zeigen. Aber war man damit den alten Königsstädten wirklich gleich? Den Treuschwur Waiblingens nahm Esslingen entgegen, Esslingen sammelte die Steuern ein, Esslingen verwaltete das Landgebiet, das vorher wirtembergisch gewesen war, nun ganz so wie sein eigenes esslingisches Territorium. Waren alle diese vorher unter Wirtemberg landsässigen Städte nun Reichsstädte geworden? Viel zu dicht lagen sie doch nebeneinander, um wirklich die gleichen Chancen wie Ulm oder Heilbronn, Rottweil oder Gmünd zu haben, viel zu klein war ihr Hinterland, um mit Nördlingen oder Nürnberg verglichen zu werden. Hat Waiblingen damals 1312 einen glanzvollen Aufstieg vor sich gehabt, so wie ihn sein Rang seit Karolinger- und Salierzeiten rechtfertigte?

Eine Stadt hätte zwischen den bereits vorhandenen Städten Heilbronn, Gmünd, Esslingen und Weil vielleicht noch eine Chance gehabt, in die Reihe der älteren Königsstädte sich einzureihen, aber diese Städte alle zusammen – Stuttgart, Leonberg, Backnang, Marbach, Schorndorf, Urach, Neuffen *und* Waiblingen – konnten unmöglich so dicht nebeneinander alle zu dem werden, was man sich gemeinhin unter einer Reichsstadt denkt. Sie hätten bestenfalls neben den alten Orten, eine zweite Geige, eine nachgeordnete Rolle spielen können. Sie hätten eher für die alten Städte das von diesen so heiß erstrebte Landgebiet werden und bilden sollen, hätten dann die eingeschränkte Nebenrolle spielen dürfen, die später dann etwa Geislingen im Ulmer Territorium besetzen konnte.

So ist es sicher kein Unglückstag für Waiblingen gewesen, als es vom Sieger Eberhard – das Glücksrad hatte ihn nach mittelalterlicher Vorstellung inzwischen wieder erhoben! – am 20. Dezember 1316 in feierlichem Vertrag aus der Unterstellung unter das Reich wieder herausgeholt und der erneut erstandenen Grafschaft Wirtemberg einverleibt wurde, um für dauernd bei ihr zu bleiben. Die viereinhalb Jahre »Reichsherrlichkeit« blieben für Waiblingen Episode. Einer hatte aus den dramatischen Umschwüngen gelernt: Eberhard von Wirtemberg. Nach den Anschauungen seiner Zeit mit über 50 Jahren bereits ein sehr alter Mann, ging er mit doppeltem Eifer daran, das wiedergewonnene Land noch fester als vorher zusammenzuschmieden. Dazu war eine Schöpfung nötig, wie sie in jener Zeit in ganz Europa in allen sich herausbildenden Territorien unumgänglich war: die Schaffung einer ständigen, zentralen, starken Residenz.

Waren bisher die großen und kleinen weltlichen Machthaber – vom Kaiser bis zum hochfreien Herrn – in ihrem Gebiet von Burg zu Burg, von Stadt zu Stadt gezogen, so erkannten sie jetzt die starken Vorteile, die demgegenüber das stete Verweilen an einem und demselben Platze einbrachte. Die erst jetzt sich ausbildende größere »Schriftlichkeit« in der Verwaltung, das Gewicht, das damit der Kanzlei und dem Archiv des Herrn zukamen, ein geregelter »Zentral-Apparat« des Landesherrn, die Notwendigkeit, der Rechtsprechung im Lande einen festen Instanzenzug zu stetigen Obergerichten zu sichern, die Bedürfnisse des Herrn selbst nach mehr Bequemlichkeit, mehr Prachtentfaltung, mehr Selbstdarstellung in seinem ständigen »Haus« – all dies forderte die unbestrittene Dauer-Hofhaltung an *einem* Platz. Mochte es daneben wie bisher Städte und Burgen geben, die gelegentlich zu Jagden oder Festen aufgesucht wurden – die *Hauptstadt*, des »Fürsten festes Haus«, die Residenz, erhielt einen Vorrang, der ihr durch Jahrhunderte nicht mehr genommen werden konnte.

Nur zwei Städte standen zur Wahl, als Eberhard ab 1317 sofort nach seinem Sieg, seine Entscheidung traf. Cannstatt nämlich, sicher der ideale Platz, war noch keine Stadt und war rechtlich durch seine lange Geschichte bereits so kompliziert aufgeteilt, daß es sich, trotz aller Gunst der Lage, *jetzt* zur Residenz nicht empfahl. Nur Waiblingen oder Stuttgart boten die Möglichkeiten für den Wirtemberger, in bescheidenem Umfang das aus ihnen zu machen, was damals Prag für die Luxemburger, Wien für die Habsburger, Landshut und München für die Wittelsbacher wurden.

Waiblingen bot gegenüber Stuttgart ohne Zweifel die viel günstigere Lage am Schnittpunkt größerer Fernstraßen und mit reichem, bequem gelegenem Hinterland an – beides war in Stuttgart nicht gegeben. Waiblingen war leichter zu befestigen, bot vor allem mit der wasserreichen Rems gegenüber dem dünnen Nesenbach die Möglichkeit einer ausreichenden Wasserbefestigung, lag auf einem Fels über der Talaue, nicht wie Stuttgart mitten im Sumpf, hatte eine intakte Fürstenwohnung (Pfalzbereich) und eine wiederherstellbare Festung (die 1291 zerstörte Stauferfeste), war vor allem seit je ein großer kirchlicher Mittelpunkt, während Stuttgart erst mühsam aus einem älteren Pfarrverband (Altenburg) herausgelöst und kirchenrechtlich verselbständigt werden mußte. Waiblingen hatte das größere, bereits ummauerte Areal und bessere Ausdehnungsmöglichkeiten für künftige Vorstädte. Waiblingen hatte eine unvergleichlich gewichtigere geschichtliche Tradition, den größeren »Namen«, es gehörte wahrscheinlich schon länger zum wirtembergischen Einflußbereich (wohl seit 1190 ff.) als Stuttgart (wirtembergisch durch Heirat ab 1239/40, vielleicht erst ab etwa 1245).

Warum also hat Eberhard sich für Stuttgart, gegen Waiblingen entschieden? Persönliche, emotionale, von Pietät getragene Überlegungen werden es bei dem eisenharten Manne kaum gewesen sein – Stuttgart als sein möglicher Geburtsort etwa oder Stuttgart als Todesort von Vater und Mutter. Für ihn galten härtere Realitäten, nüchtern abgewogene Vorteile, handgreiflicher Nutzen. Was ließ ihn Waiblingen verwerfen?

Die Forschung zu den Anfängen der Hauptstädte des 14. Jahrhunderts ist noch jung. Daher hat noch niemand die Frage gestellt, warum in Wirtemberg damals nicht Waiblingen zum Zuge kam; man kann aber Überlegungen anstellen.

Zunächst ist nicht völlig auszuschließen, daß von den Nachkommen des 1279 gestorbenen Ulrich II. um 1317 noch jemand am Leben war, der Ansprüche auf Waiblingen hatte, die Eberhard der Erlauchte nicht übergehen konnte, oder die ihn bei seinen Plänen beengten.

Sodann könnte die Existenz der Neustadt Eberhard

noch immer beunruhigt haben. Sicherlich hatte sich die Gegengründung nicht so entwickelt, wie es einst der Herrscher gewünscht hatte, wie es der Graf befürchten mußte. Es war still um die *Nova Civitas* geworden, – aber konnte ein energischer König das Spiel mit der Neustadt nicht noch einmal wagen? Aalen, Cannstatt, Bietigheim, Laichingen beweisen, daß Neugründungen auch im 14. Jahrhundert noch Chancen hatten – es bedurfte im Neustädtle nur erneuten königlichen Nachdrucks. Wich Eberhard, als er Stuttgart bevorzugte, etwa einem Konflikt aus? Schließlich führt eine dritte Überlegung wohl ins Ziel: Stuttgart hatte, gegen Waiblingen gewogen, einen, aber einen unschätzbaren Rechtsvorteil: es war freies Eigen, vor etwa 75 Jahren als Heiratsgut der Mathilde von Baden an Eberhards Vater Ulrich I. gekommen und seitdem stets als Eigengut beim Hause geblieben. Auch wenn Eberhard nicht aus dieser ersten (badischen), sondern aus der zweiten (polnisch-piastischen) Ehe seines Vaters stammte, so war Stuttgart doch dem Rechtscharakter nach unbestreitbar wirtembergisches Allod. Außerdem hatte Eberhard seit einigen Jahren eine Schwiegertochter, Gattin seines Sohnes Ulrich III., nämlich die Gräfin Sophie von Ferette (Pfirt), die ihrerseits von dem Stuttgarter Stadtgründer, Markgraf Hermann von Baden, abstammte; und schließlich war auch Eberhards dritte und letzte Frau eine Markgräfin von Baden. Wie auch immer – Wirtembergs Recht auf das Eigengut Stuttgart konnte von keiner Seite, zu keiner Zeit angefochten werden.

Waiblingen aber war, und das scheint 1317 ff. den Ausschlag gegeben zu haben, eben kein eindeutiges Eigen des Hauses Wirtemberg. Einerlei, ob der allem Anschein nach korrekte Übergang aus Stauferhand in wirtembergische Verfügungsgewalt nach vier Generationen (und nach mehr als 120 Jahren!) noch genau bekannt oder ob die Erinnerung an Einzelheiten des Geschehens schon verblaßt war, Waiblingen war in den Augen Eberhards kein so sicherer Besitz, kein so unanfechtbares Allod wie das sonst zur Hauptstadt so viel weniger geeignete Stuttgart. Die Waiblinger Güter waren nämlich anfangs wohl ziemlich sicher als Lehen von den Staufern an die Wirtemberger gegeben worden; ob Waiblingen dabei als staufisches Hausgut oder als Reichsgut behandelt wurde, spielte jetzt 1317 keine Rolle mehr: so oder so war der jeweilige deutsche König der Mann, der das Lehengut einem unbotmäßigen Grafen von Wirtemberg gegebenenfalls wohl wieder abnehmen durfte. Alles sprach für eine wirtembergische Hauptstadt Waiblingen – nur die bessere Rechtsqualität wies, vom Standpunkt des Hauses Wirtemberg und besonders vom Standpunkt des Grafen Eberhard des Erlauchten aus, auf das abgelegenere Stuttgart.

Die Wahl war getroffen, die Entscheidung schon nach einer Generation nicht mehr rückgängig zu machen. Stuttgart ist *die* Hauptstadt geblieben. Auch nicht Cannstatt (der Vorschlag des Philosophen Leibniz), auch nicht Ludwigsburg (drei Anläufe unter Eberhard Ludwig, Carl Alexander und Carl Eugen) haben sich endgültig gegen Stuttgart durchgesetzt. Für Waiblingen aber war schon seit etwa 1320 die »große« Geschichte vorüber.

Es war und blieb nun eine Landstadt in der Grafschaft Wirtemberg, immer wieder zwar noch zum Aufenthalt von Mitgliedern des Hauses gewählt, aber eben doch landsässig wie alle anderen Städte und ohne die Impulse einer Hofhaltung, ohne die Förderung, die ein zentraler Behördensitz damals brachte, allein angewiesen auf das umliegende »Amt«, also die Amtsstadt untergeordneter Dörfer.

Es hat keinen Sinn, geschlagene Schlachten noch einmal zu schlagen – aber man darf einen Augenblick lang darüber nachdenken, was geschehen wäre, hätte Eberhard der Erlauchte sich 1317 für Waiblingen entschieden. Ohne Umschweife: Der Sitz der Karolinger, der Salier und der Staufer, der Platz, der den weltgeschichtlichen Namen der Ghibellinen hervorbrachte, könnte heute die Hauptstadt des deutschen Südwestens sein.

Einer Landstadt wachsen aus ihrem Hinterland und Umkreis nur bescheidene Mittel zu. Wirtschaftliche

Kraft kann sie nur aus der Produktion des städtischen Handwerks und aus dem (Fern-)Handel ihrer reichen Bürger gewinnen. Beides hängt von den Rohstoffquellen, der Fernstraßenlage, der Einwohnerzahl ab. In die Rohstoffe (Holz, Leder, Wolle, Flachs vor allem) mußte sich Waiblingen mit Schorndorf, Backnang, Marbach, dem neuaufblühenden Cannstatt, mit Stuttgart und Esslingen teilen. Dem Waiblinger Handwerk standen die Handwerker der Nachbarstädte gegenüber. Am Remstalhandel verdiente Schorndorf als Grenzstadt bald mehr als Waiblingen, Schorndorfs städtische Oberschicht überflügelte im Laufe des Spätmittelalters diejenige Waiblingens an Reichtum und Einfluß. Nur der Handel mit dem Remstäler Wein, der vor allem über Nördlingen oder Ulm ins Bayerische ging, und der Fernhandel mit dem Kornüberfluß des Remsbeckens, den die Nordschweiz benötigte, gaben dem Wohlstand Waiblingens einen hinreichend festen Grund. Aber reich wie Esslingen und Heilbronn, bedeutend wie Stuttgart konnte die Stadt nicht mehr werden. Was ihr blieb, war ein auskömmlicher und (in Friedenszeiten!) sicherer Wohlstand. Ihn zu wahren, war für fünfhundert Jahre die erste Aufgabe der Stadt. Erst die Industrie, erst das neunzehnte Jahrhundert haben hier grundsätzlichen Wandel geschaffen.

Kaum hatte sich die Landstadt mit ihrer Rolle in der Grafschaft abgefunden, da erschütterte die große, ganz Europa verheerende Pest der Jahre ab 1347 gleichermaßen Stadt und Hinterland. Man hat sich daran gewöhnt, die spektakulären Begleiterscheinungen der Seuchenwelle (Fremdenhaß, Judenverfolgungen, Exzesse in Todesangst, Sektenwesen und Geißlerzüge) zu schildern, die volkswirtschaftlich so unglaublich schweren Langzeitschäden aber eher nebensächlich zu behandeln. Was aber bedeutet es für ein Dorf, ein Amt, eine Stadt, eine Herrschaft, ein Land, wenn schlagartig und überall mindestens ein Drittel der Gesamtbevölkerung ausfällt! Und vielfach waren es die Hälfte und mehr, die wegstarben, ja die grauenvollen Berichte von den ganz und gar ausgestorbenen Orten mit ihren nicht mehr bestatteten Toten sind nicht übertrieben und überhöht, sondern harte Realität. In einem Jahrhundert, das den erfahrenen Bauern, den geschickten Handwerkern, den handelskundigen Bürgern schlechterdings nicht schnell ersetzen kann, ist solch ein Aderlaß nicht in zwei Menschenaltern aufzuholen. Nach 1350 gehört Waiblingen verarmt und menschenleer zu einem verarmten und menschenleeren Lande. Eine Einzelkatastrophe kann durch Zuzug aufgeholt werden, die Verwüstung eines ganzen Landes hinterläßt dauernde Narben. Die an sich schon lange nicht mehr wachsende Stadt blieb von der Pest gezeichnet, selbst der Zuzug aus den vielen Orten und Plätzen, die in der Umgebung damals ganz verlassen, »wüst« wurden, konnte den Verlust nicht ausgleichen. Durch die massenhaften Todesfälle waren alle Besitzverhältnisse unsicher geworden. Daher ordnete der Landesherr, Graf Eberhard der Greiner, um 1350 eine Art Generalkataster für das ganze Land an. Es entstand die Reihe der ältesten altwirtembergischen Lagerbücher. Der Waiblinger Codex (bald nach Sommer 1351) enthält eine für den weit zurückliegenden Übergang des Stauferplatzes in wirtembergische Hand höchst aufschlußreiche Nachricht: die Wirtemberger Grafen hatten auf Waiblinger Markung *zwei getrennte Bauhöfe* (»Nota in einer herren buhoefe, der zweine ist . . .«). Der Bauhof, also das domänenartige Großgut, das den gesamten Unterhalt einer Dynastenresidenz erwirtschaftet, ist üblicherweise nur *einmal* am Sitz des Herrn vorhanden (so auch in der Landeshauptresidenz Stuttgart). In Waiblingen aber gibt es *zwei* Bauhöfe – und auch *zwei* herrschaftliche Keltern – nur erklärbar, wenn innerhalb des Ortes einmal zwei Herren nebeneinander geherrscht, zwei Hofhaltungen nebeneinander bestanden haben. Der eine Hof mag der salisch-staufische Bauhof, der andere der daneben später entstandene wirtembergische gewesen sein.

Nahe bei Stuttgart gelegen war Burg und Stadt Waiblingen noch immer ein gerne aufgesuchter »zweiter Wohnplatz« der Landesherrn, ja 1419 ist ein Landesvater, Graf Eberhard der Jüngere, auf der Flucht vor einer grassierenden Seuche dort auf der Burg gestorben. Er hatte nur kurz regiert; erst zwei Jahre zuvor war sein Vater Eberhard der Milde in der Badekur in Göppingen verschieden. Ordnungszahlen für ihre Herren kannten die Untertanen damals noch nicht, so unterschied man denn die beiden Eberharde einfach nach ihren Todesorten: »der im Sauerbronn starb« und »der zu Waiblingen starb«, je in einer späteren Darstellung heißt er einmal schlicht »Eberhard der Waiblinger«.

Und noch einmal gab es in Waiblingen so etwas wie einen Ersatz für die seinerzeit entgangene Residenz. Eberhard der Jüngere, »der Waiblinger«, hatte aus seiner unglücklichen Ehe mit der ungebärdigen und überspannten, aber reichen Erbin Henriette de Montbéliard eine gleich störrige, gleich unliebenswürdige Tochter Anna, bei der es ihr Gatte, ein Graf von Katzenelnbogen, auch nicht lange aushielt. Ihre Brüder (Ludwig I. und Ulrich der Vielgeliebte) wollten die Schwervertägliche wohl am Hof von Stuttgart nicht haben, aber der alte Schloßbau in Waiblingen war gerade recht, den »Hof« der schwierigen Dame aufzunehmen. Wohl hat sie ein paar Stiftungen für die Stadt gemacht, in der sie später ihr Grab fand – ob Waiblingen durch Gräfin Anna viel lebensfroher, viel höfischer geworden ist?

Aber das Interesse der Grafen von Wirtemberg an eigenem Besitz in der Stadt, eigenen Wohnmöglichkeiten in Waiblingen, war geschwunden; sie stoßen ihren alten Eigenbesitz ab. 1439 haben beide Brüder ihr altes Haus am Markt dem Waiblinger Bürger Berthold Müßiggang verkauft – übrigens um die hohe Summe von 700 Pfund Heller, es muß ein sehr stattlicher Besitz gewesen sein. Der Familienname »Müßiggang« braucht keinen Waiblinger zu erschrecken: das ist kein Faulenzer (ganz unschwäbisch!), sondern einer, der sein Leben lang so hart gearbeitet hat, daß er zuletzt davon leben kann (ganz schwäbisch!). Müßiggänger als durchaus respektierende Bezeichnung finden wir in manchen schwäbischen Städten als amtliche Benennung für die Oberschicht, die aus dem Ertrag von Grundrente und Fernhandel lebt. Und Berthold Müßiggang lebt zudem in der dichterischen Überlieferung von den »Kronenwächtern« fort!

Bürgerstadt Waiblingen

Die Bedeutung der Stadt lag im 15. Jahrhundert weit mehr bei ihren Bürgern als bei ihren Landesherren. Deren unheilvolle Landesteilung freilich (1442) wirkte sich – höchst nachteilig – auf die Stadt aus. Sie wurde dem Herrschaftsgebiet des jüngeren Bruders Ulrich (des »Vielgeliebten«) zugeschlagen. In diesem Landes-Halbteil (erst Wirtemberg-Neiffen, dann Wirtemberg-Stuttgart benannt) brach durch Ulrichs Verschwen-

7 Epitaph des Herwarth von Bittenfeld in der Kirche von Bittenfeld

8   Ausschnitte aus dem Sattler-Epitaph aus der Michaelskirche. Johann Sattler III († 1562) mit Gemahlin, Johann Sattler II († 1520) mit Gemahlin, Johann Sattler I († 1508) mit Gemahlin und M. Michael Sattler II († 1573) mit Gemahlin. Die Waiblinger Familie gehörte zur württembergischen Ehrbarkeit

dungssucht bald eine große wirtschaftliche Unsicherheit, schließlich nach seinem dilettantisch geführten Krieg gegen Kurpfalz (1462) die schiere Not aus. Um den Kriegsgefangenen Ulrich freizukaufen, mußten auch die Waiblinger ganz tief in die Tasche greifen: 20 Prozent des Vermögens (!) hatte jeder, ob arm, ob reich, beizusteuern. Von diesem wirtschaftlichen Schlag hat sich die Stadt lange nicht erholt, und Ulrichs Mißwirtschaft wurde nach seiner Heimkehr noch um vieles krasser. Ohne echten Grund galt Waiblingen als reiche Stadt, und so zog der Landesherr sie immer wieder zur Bürgschaft für seine stets höheren Anleihen heran, bis die Stadt weit über Vermögen verschuldet war.

Die große Leistung der Waiblinger Bürger im Spätmittelalter war es, trotz der überstarken Beanspruchung durch den Landesherrn den Wohlstand ihrer Stadt zu halten. Kaufleute, darunter auch Fernhändler, reiche Handwerker, Besitzer von größeren Gütern im Umland, landesherrliche Beamte und deren manchmal reichgewordene Nachkommen, bildeten die wohlhabende Oberschicht, die fast ausschließlich Rat und Gericht besetzte, sich selbst ergänzte und die Abgeordneten zum Stuttgarter Landtag, der »Landschaft« stellte. Diese bürgerliche Führungsschicht, für ihre amtliche Tätigkeit nicht entlohnt, sondern ehrenhalber tätig, »aus dem Aignen zusetzende« wurde »Ehrbarkeit« genannt. Früh schon bildete sich in ihr ein Standesbewußtsein aus, vor allem doch deshalb, weil sie die Landtage und damit die Landespolitik recht eigentlich trug. In dieser seit der Landesteilung von 1442 immer mehr für die noch bleibende Landeseinheit verantwortlichen Gruppe erwuchs der Gedanke zu den Landtagen, die ab 1450 für die sich herausbildende sogenannte altwirtembergische Demokratie entscheidend wichtig wurden. Zu diesem immer selbstbewußter werdenden Bürgertum des Landes (der Adel spielte auf den Landtagen bald keine Rolle mehr) gehörten auch Waiblinger Bürgergeschlechter, die sich etwa in ihren reichausgestatteten Grablegen ein dauerndes sichtbares Andenken schufen.

Die Bürgergeschlechter der altwirtembergischen Städte, in Gericht und Rat gesessen, hatten einen weiten Gesichtskreis: ihren Nachbarstädten durch Heirat und Handel verbunden, mit ihren Nachbarländern als den Absatzgebieten für Korn und Wein vertraut, mit den Landesinteressen als Teilnehmer der Landtage, als Teilhaber der landschaftlichen Politik verknüpft, stellten sie seit etwa 1450 in steigendem Maße die einzige, das gespaltene Land einigende Personengruppe dar. Als Eberhard im Bart mit dem Münsinger Vertrag 1482 gelang, seine wohlgeordnete Uracher Landeshälfte mit der hochverschuldeten Stuttgarter Hälfte – zu der Waiblingen gehörte – wieder (und endgültig) zu vereinen, brach für das Bürgertum *aller* wirtembergischen Städte eine gute Zeit an; rückblickend hat man sie, vielleicht etwas zu sehr preisend, eine *aurea aetas*, ein wahrhaft goldenes Zeitalter genannt.

Es ist eine genealogische Tatsache, daß Nachfahren jener spätmittelalterlichen Einwohner durch Söhne- und vor allem durch Töchternachkommen in sehr großen Teilen der heutigen Bevölkerung fortleben. Auch über das Herzogtum Wirtemberg hinaus ist diese Nachkommenschaft gedrungen; die Auswanderung mancher führender ehrbarer Geschlechter ab 1534 brachte Wirtemberger Blut ins Elsaß, die Schweiz, die süddeutschen Reichsstädte, nach Österreich und Böhmen. So finden wir etwa Nachkommen einer der um 1480 führenden Waiblinger Familien, der Sattler, nicht nur in Wirtemberg – der für uns noch immer unentbehrliche Landeshistoriker Christian Friedrich Sattler († 1785) gehört dazu – sondern in der Steiermark, im Elsaß, in Norddeutschland, in Hessen, in den Vereinigten Staaten.

Das spätgotische »Sattler-Epitaph« war eine breite Tafel voller Wappen und Porträts, die stolz viele Generationen des Waiblinger Geschlechts abbildete. Lange

9 St. Michael als Seelenwäger. Relief von 1470 in der Michaelskirche. Unten das Schinnagelwappen

Zeit war sie eine Zierde der Michaelskirche. Im 19. Jahrhundert bei einer »Stil-Reinigung« entfernt, wurde sie bei Nachkommen pietätvoll bewahrt, war zuletzt in Berliner Besitz zu sehen, wurde 1944 nach Schlesien oder Mähren verlagert und ist seitdem verschollen.

Aber auch andere Waiblinger aus den Geschlechtern Wolfhardt und Aichmann, Kühorn und Liedhorn, Krämer, Lang und Greins, Renz, Hohenloch und Aldinger, Wortwein und Nördlinger leben bis heute fort; es wäre reizvoll, die Waiblinger Ahnen der »großen« Schwaben einmal zusammenzustellen. Da ist fast keiner, der nicht irgendwo auch Waiblinger Blut auf seiner Ahnentafel hätte. Schiller voran, vom Vater her die Bittenfelder und Waiblinger »kleinen Leute«, von der Mutter her die »großen« Waiblinger Familien.

Hegel, Schelling und Hölderlin haben Waiblinger Ahnenquartiere, Uhland, Kerner, Hauff, Mörike, Strauß und Vischer fehlen nicht, Robert Mayer und Gottlieb Daimler gehören herein, Dietrich Bonhoeffer und die Geschwister Scholl, Theodor Heuss und Richard von Weizsäcker, Hermann Hesse und Thomas Mann (und damit greift die Nachkommenschaft schon über Schwaben hinaus). Von Abraham Lincoln wurde behauptet, er stamme von den Waiblinger Liedhorn (was wohl Fabel ist), aber de Gaulle und König Baudouin von Belgien haben ebenso jeweils Waiblinger Bürger auf ihrer Ahnentafel, wie die etwaigen künftigen Regenten Spaniens, Englands, Dänemarks, der Niederlande – und Monacos. (Nur keinen vorschnellen Stolz: man kann ähnliches für Schorndorf oder Calw, Tübingen oder Herrenberg feststellen, ja selbst für Großbottwar!)

Waiblingen ist eine der wenigen altwirtembergischen Städte, aus der wir von reformatorischer Gesinnung schon unter der streng altgläubigen österreichischen Herrschaft (1522–1534) nach Herzog Ulrichs Absetzung und Vertreibung (1519) hören. Um die Predigt eines ihnen mißliebigen »Pfaffen« zu verhindern, umhockten Waiblinger Frauen (die Quelle sagt zeitgemäß »Weiber«), die Kanzeltreppe und die Plätze um den Kanzelpfeiler, sangen lauthals das neue Kampflied »Es ist das Heil uns kommen her«, so daß der »Pfaff ungepredigt und mit Schanden umkehren« mußte. Daß die Damen tief in Luthers Zentralproblem der Rechtfertigung vor Gott eingedrungen waren, läßt sich damit zwar nicht belegen (heute würde man eine solche Vorstellung eher ein »Behinderungs-sit-in« nennen), aber die Waiblingerinnen sind immerhin für ihre unkonventionelle Gottesdienstgestaltung bis heute berühmt geblieben.

Als Ulrich 1534 mit Frankreichs und Hessens Hilfe wieder nach Wirtemberg zurückgeführt war, wurde auch in Waiblingen wie im ganzen Lande die Reformation auf dem Verwaltungsweg von oben durchgesetzt. Die reichen Kirchengüter wurden (zugunsten des Herzogs, nicht einer erst noch zu bildenden jungen evangelischen Kirche) eingezogen, alle Kapellen geschlossen und später vielfach abgerissen, alle »Zieraten«, die Geldwert hatten, nach Stuttgart abgeliefert, der Rest zerschnitten, zerschlagen und zerbrochen. Wenn wir die vorher noch angefertigten Ablieferungsverzeichnisse durchlesen, geht es uns kalt über den Rücken: ein ganzes Museum könnte man füllen mit dem, was allein im Remstal zugrunde ging. Aber das Bewußtsein, das finstere Mittelalter hinter sich gelassen zu haben, war ja etwas wert.

Waiblingen lag seit der Reformation in einem Land, das an sehr vielen seiner Grenzen an altgläubig gebliebenes Gebiet stieß, lag in einer »süddeutschen lutherischen Bastei« inmitten von Katholiken und (was bald für die lutherische Orthodoxie fast noch schlimmer war!) von Reformierten (Schweiz, Kurpfalz). Das Herzogtum hat dann in den Auseinandersetzungen um das rechte Glaubensverständnis, trotz anfänglicher reformatorischer Einflüsse aus der Schweiz, immer nachhaltiger den lutherischen Standpunkt vertreten. Dafür sorgte schon Waiblingens großer Sohn Jakob Andreae (1528–1590), der Kanzler der Universität Tübingen, der unnachsichtige Verfolger all dessen, was in seinen Augen Abweichen vom rechten dogmatischen Weg, Lauheit gegen das schriftlich festgelegte Be-

11 Herzog Christoph von Württemberg, Holzschnitt von Brosamer

kenntnis bedeutete. Andreae, der »Vater der Orthodoxie«, der Einiger des zuerst so vielfältigen deutschen Protestantismus auf eine einzig und allein anerkannte rechte Lehre, hat mit seinem Einheitsbekenntnis, der »Formula Concordiae« zwar ein staatsrechtlich wirksames und griffiges, dauerhaftes, normiertes und gültig fixiertes Glaubensbekenntnis geschaffen, aber auch den Graben zu den Reformierten unüberbrückbar vertieft. Von brüderlicher Eintracht konnte nicht die Rede sein. Wer die mit staatlichem Zwang eingeholte Unterschrift unter die Konkordienformel aus Glau-

◀ *10 Waiblingen in der Mitte des 16. Jh. Holzschnitt. Ausschnitt aus der Kartentafel Wirtemberg des Formschneiders Lang vom Ende des 16. Jh. nach einem Entwurf vor 1553*

bensgründen, Toleranz, Nächstenliebe, anderem Dogmenverständnis heraus nicht leisten wollte, verlor sein Amt. Viele Generationen später gab der Pietismus darauf die Antwort: herzwarme Individualfrömmigkeit gegen amtskirchliche Nötigung zur Orthodoxie. Gerade im Remstal ist der Pietismus besonders stark geworden und geblieben, heute mitunter freilich etwas entfernt von der Toleranz seiner Anfänge vor bald dreihundert Jahren.

Am Anfang des 17. Jahrhunderts war Waiblingen, waren die anderen wirtembergischen Landstädte freundliche Gemeinwesen, wirtschaftlich gedeihend, von langsam aber bedächtig zunehmender Einwohnerzahl, dank Herzog Christophs Großer Kirchenordnung von 1558 mit gutausgebildeten Pfarrern und mit einem ausgezeichneten Schulwesen gesegnet (dem besten im damaligen Heiligen Römischen Reich, mit Schulpflicht auch für Mädchen, schon auch mit Lehrerinnen!), mit einer geordneten Rechtspflege, mit mehr städtischer Selbstverwaltung begabt, als sie in anderen deutschen Territorien da war, von militärischen Lasten (außer dem Festungsbau) kaum gedrückt, denn die Friedenspolitik der Landschaft garantierte scheinbar dauernden Frieden – da brach mit dem Dreißigjährigen Krieg die schwerste Katastrophe der ganzen Waiblinger Stadtgeschichte herein.

Das Jahrzehnt vor dem Ausbruch 1618 war ein glückliches gewesen, und auch die ersten Kriegsjahre gingen an Wirtemberg – von der Inflation der »Kipper- und Wipperzeit« abgesehen – noch glimpflich vorbei. Truppendurchzüge und Quartierlasten drückten wohl, der Fernhandel stockte, die Teuerung zehrte – aber bis 1634 gehörte das Herzogtum zu den Territorien, die leidlich durch den Krieg gekommen waren. Der Anschluß des Herzogtums an die schwedische Sache schützte das Land noch über den Tod Gustav Adolfs (1632) hinaus. In Waiblingen besserte man die Mauern aus und ließ die Schützen auf dem Schießplatz üben, betete in den Kirchen um Frieden und folgte der Mahnung, »die Kriegsfuriam durch ain Gott wohlgefellig leben vom Vatterland fern zu halten«.

Die große Wende kam 1634. Unaufhaltsam waren die kaiserlichen Heere von Südosten her nach Süddeutschland vorgerückt, Bernhard von Weimar, der protestantische Feldherr, stand im Ries, ihnen den Weg nach Schwaben zu verlegen. Am 6. September 1634 verlor er bei Nördlingen die Schlacht, der ganze Südwesten lag dem Kaiser nun offen. Wirtemberg traf als erstes Land die volle Gewalt der Sieger, das Remstal war der vorgezeichnete Weg der Vernichtung. Lorch, Schorndorf, Waiblingen gingen in Flammen auf. Fast alle wehrfähigen Bürger waren schon bei Nördlingen gefallen, jetzt traf die gnadenlose Rache der Sieger alles, was noch lebte. »Mensch und Vieh ward gleichermaßen geschlachtet«, die Stadt brannte ab, ihr Umland verödete. Alles Saatkorn fürs nächste Jahr, eben in die Scheuern gebracht, verbrannte mit; rücksichtslos wurde die gerettete Habe geplündert; wer noch überlebte, flüchtete in die Wälder. Herzog, Hof und Regierung waren ins Elsaß »ausgewichen«, niemand war da, um mit den Siegern zu verhandeln. Mit unbeschränkter Willkür schalteten sie daher in den Städten; zu spät bemerkten die Besatzer, daß sie ihre eigenen Winterquartiere im Rausch des Sieges zerstört hatten. Grauenvoll war der Winter 1634/35: im Gefolge der Sieger kam – wie stets – die »Pest«, diesmal der Flecktyphus. In Waiblingen starben in wenigen Monaten weit mehr Menschen als sonst in einem Jahr. Unter den Toten waren nicht nur Waiblinger Bürger, sondern auch viele Verzweifelte aus den verbrannten Dörfern des Remstals, die mit einer für uns heute schwer erklärbaren Hoffnung geglaubt hatten, hinter den zerstörten Mauern und in den abgebrannten Häusern der Stadt könne man noch immer eher überleben, als auf dem völlig preisgegebenen Lande.

Der Wohlstand, den Jahrhunderte gesammelt und gewahrt hatten, zerrann in wenigen Wochen. Dann blieb nur noch das jahrelange, heute ganz unvorstellbare Elend. Kein Handwerker arbeitete mehr, kein Markt wurde mehr gehalten, alle Verwaltung von Stadt und Amt war zusammengebrochen. Es gab keine Schule mehr, weder Lehrer noch Kinder, keinen Arzt, keinen Apotheker, kaum noch Pfarrer und Gottesdienst. Tote wurden nicht mehr begraben, die vielen unbekannten fremden Toten kaum mehr beachtet.

Fünf Jahre danach waren im ganzen Lande gerade noch knapp 23 Prozent der Einwohner von 1634 am Leben. Über 77 Prozent waren tot oder geflüchtet (denn in dieser Zahl stecken auch einige wenige, denen die Flucht außer Landes gelang). Die Leiden dieses kleinen Restes völlig verarmter Bevölkerung ist im Wortsinn unbeschreibbar; daß es nach 1648 gelang, überhaupt wieder einige Menschen anzusiedeln, Häuser notdürftig wieder aufzubauen, Werkstätten wieder einzurichten, bescheidenste Waren wieder herzustellen, Menschen zu ernähren, Gottesdienste zu halten, Menschlichkeit wieder zu pflanzen, das alles grenzt fast schon an ein Wunder.

Manche Städte im Lande haben sich nie mehr von der Katastrophe erholt (z. B. Wildberg), manche Dörfer waren bis auf den letzten Menschen ausgestorben (z. B. Schützingen). Waiblingen hat über 80 Jahre gebraucht, bis es die alte Einwohnerzahl vor 1634 wieder erreicht hat. 90 bis 95 Jahre dauerte es, bis der Wohlstand wieder auf der Höhe von 1610/1618 gesichert war. Politisch hat die Stadt für das Land nicht mehr das bedeutet, was sie vor dem großen Kriege einmal bedeutete. Und gewachsen, reicher und gewichtiger geworden als zuvor ist sie im ganzen 18. Jahrhundert nicht mehr.

Keine Zäsur der ganzen Stadtgeschichte schnitt so tief ein – auch nicht die Pest von 1347 ff. – auch nicht die Kriegszerstörungen des letzten Krieges. 1634 und die Jahre danach bezeichnen den Tiefpunkt der Waiblinger Stadtgeschichte überhaupt. Es ist keine überflüssige Rückschau, wenn man in Dankbarkeit und mit Respekt jener Generationen gedenkt, die in dieser uns unvorstellbaren Not ausgehalten, durchgehalten, standgehalten haben.

Waiblingen heute

von Ulrich Gauß

Gewachsen – zur modernen Stadt

Die »Stadt mit den drei Türmen«, wie Mörike Waiblingen mit seinem Hochwachtturm, der Michaelskirche und dem Beinsteiner Tor nannte, bestand bis ins 19. Jahrhundert aus der heutigen Innenstadt. Fast alle Häuser waren von der mittelalterlichen Stadtmauer umringt, auch die drei Tore der Stadt waren in der ersten Hälfte des vergangenen Jahrhunderts noch erhalten: das »Fellbacher Tor« im Süden, das die Landstraße von Stuttgart her aufnahm, und der Beinsteiner Torturm, den wir heute noch haben und durch den bis zum Jahr 1934 der gesamte Verkehr von der Landeshauptstadt bis nach Berlin flutete. Außerdem stand im Westen, unweit des Hochwachtturms, das »Schmidener Tor«.

Die heute zu Waiblingen gehörenden Ortschaften Beinstein, Bittenfeld, Hegnach, Hohenacker und Neustadt bestanden jahrhundertelang hauptsächlich aus ihrem von der Kirche überragten Kern. Erst nach und nach legten sich die Straßen der heutigen Stadt unter Schonung der Remswiesen um die alte Innenstadt, zunächst nach dem Bau der Eisenbahn bis zu den Bahnkörpern der Rems- und Murrbahn, dann weiter über die Gleise nach Süden und Westen ausgreifend, und schließlich kletterten sie im Norden die Hänge hinauf, wo heute begehrte Wohngebiete liegen.

In den Gemeinden fügten sich zuerst Neubauten an die bäuerlichen Häuser, dann wuchsen große Wohngebiete rund ums Dorf.

Neue Gewerbegebiete haben sich nach dem Zweiten Weltkrieg entwickelt und die Ortsränder verändert: so zum Beispiel an der Heerstraße, im Ameisenbühl und im Eisental, rechts und links des Erbachs in Neustadt und Hohenacker, im Süden von Beinstein und im Westen von Hegnach sowie am Ortseingang von Bittenfeld.

Die vom Land Baden-Württemberg vorgenommene Gemeindereform verfolgte vor allem in der Nähe der Landeshauptstadt das Ziel, die in ihrer Struktur veränderten Dörfer mit ihren zentralen Städten zu verbinden, um leistungsfähige kommunale Einheiten zu erhalten. In dieser Zeit hat sich Waiblingen 1971 mit Beinstein, dann zum 1. Januar 1975 auch mit den Ortschaften Bittenfeld, Hegnach, Hohenacker und Neustadt zu einem Gemeinwesen zusammengeschlossen, das 45 000 Bürgern Heimat bietet.

Wer sind die Waiblinger?

Eine Stadt lebt durch die Bürger, die hier geboren sind und am Ort bleiben, und auch durch diejenigen, die kommen und gehen. Bei allem Wechsel aber blickt immer wieder ein Grundcharakter der Menschen durch, die an einem Ort zu Hause sind.

Jahrhundertelang wurde in Waiblingen hart gearbeitet, und man konnte der Not nur schwer entgehen. Es brauchte viele Jahre, bis die Stadt die Zahl von 2 000 Einwohnern wiedererlangte, die sie schon vor dem großen Stadtbrand im Jahre 1634 gehabt hatte. Nur 30 Bürger hatten die Katastrophe in der Stadt überlebt. Wirtschaftliche Schwierigkeiten und Entbehrungen auch nachfolgender Jahrhunderte haben die Menschen bescheiden gemacht, eine Eigenschaft, die über die Generationen hinweg bestimmend geblieben ist. Viele Söhne mußten sich etwa in den Zeiten der Mißernten vor 150 Jahren zur Auswanderung entschließen, zumal der Weinbau die Familien nicht mehr ernähren konnte.

Der Typ des Wengerters und Bauern prägt noch heute unsere Bürgerschaft, auch wo man seit Generationen beim »Roller«, dem »Schraubenwerk«, bei den Ziegeleien oder dem »Bomboles Kaiser« oder auch beim »Daimler« in Untertürkheim sein gutes Auskommen hatte. Heute sind die Namen der Firmen Stihl und Bosch hinzuzufügen. Der Nebenerwerbs-Landwirt, die Landfrau, der Stücklesbesitzer sind nie ganz zum Städter geworden. Auch in der Kreisstadt ist man in erster Linie »Remstäler« geblieben.

Die Flüchtlinge und Vertriebenen, die nach dem Krieg, in vielen Fällen aus ländlicher Gegend stammend, nach Waiblingen kamen, haben die gleiche Liebe zu Weinberg und Garten mitgebracht. Ihr Fleiß beim Häuslebauen und Arbeiten hat in der Weise verbindend gewirkt, daß in Waiblingen und seinen Ortschaften – vor dem Krieg etwa 16 000 Einwohner zählend – eine Bürgerschaft von Einheimischen und Zugezogenen gewachsen ist, die mit 45 000 Einwohnern ein starkes Zusammengehörigkeitsgefühl besitzt.

Die Menschen, die in der Kriegs- und Nachkriegszeit gezwungen waren, mit neuen Verhältnissen fertigzuwerden, leben auch mit den ausländischen Mitbewohnern der Stadt, die 13 Prozent der Gesamtbevölkerung ausmachen, in gutem Einvernehmen zusammen. Es sind, um nur die größeren Gruppen zu nennen, Griechen und Italiener, Jugoslawen und Türken, die hierher gekommen sind, weil man in Industrie und Gewerbe gute Arbeitskräfte suchte. Sie wohnen besonders gern in der Waiblinger Innenstadt. Manche nationalen Unterschiede werden den Jugendlichen, die in unseren Kindergärten und Schulen gemeinsam aufwachsen, gar nicht mehr bewußt.

Als Waiblinger fühlen sich überdies viele Menschen in aller Welt, die hier geboren oder groß geworden sind. Mit ihnen tauscht die Stadt an jedem Weihnachtsfest freundliche Grüße aus – 180 an der Zahl. Erfreulich ist die Zustimmung dieser Auslands-Waiblinger zu den Veränderungen, welche die Stadt in den vergangenen Jahren erfahren hat. »Waiblingen wird immer schöner« – so ist in Briefen zu lesen, die regelmäßig auf Besuche in der Heimatstadt folgen. Und erwidern möchte man: »Waiblingen freut sich aufs nächste Wiedersehen!«

Die Arbeit, von der wir leben

In den Weinbergen, auf den Obstwiesen und auf den Feldern, die das Remstal ausmachen, haben im Jahr 1830 noch 80 Prozent, im Jahr 1900 noch 20 Prozent der Bevölkerung der Stadt gearbeitet. Von der Markungsfläche mit 4 267 Hektar werden heute 1 432 Hektar Ackerland von 174 landwirtschaftlichen Betrieben bewirtschaftet. 3 372 Hektar sind Naturfläche, davon 554 Hektar Wald und 30 Hektar Weinberge.

Nach wie vor kann sich Waiblingen als Gärtner- und Blumenstadt bezeichnen. Die Glasdächer der Firma Münz, die einmal als größte mit Glas überdachte Fläche Europas bezeichnet wurden, sind zwar kleiner geworden, dennoch werden hier noch die schönsten Orchideen gezüchtet, kleine und große Gärtnereien ziehen ihre Kulturen auf den hervorragenden Löß-Böden unserer Stadt.

Waiblingens gewerbliche Geschichte könnte auf die Fabrikation römischer Keramik zurückgeführt werden, die eine der beiden größten nördlich der Alpen gewesen sein soll. Eher läßt sie sich aber an die Handwerker, Wirte und Kaufleute anschließen, die wohl bei der alten Pfalz angesiedelt waren und dann die Entwicklung auslösten, die zur Stadterhebung vor 1250 führte.

Mit dem Bau der Eisenbahn – die Murrbahn wurde 1861, die Remsbahn 1876 dem Betrieb übergeben – begann die Industriegeschichte. Der Ziegler Ernst Bihl erhielt 1823 ein sechsjähriges Patent auf eine von ihm erfundene Preßmaschine zur Fertigung von Wasserleitungsrohren. Er hatte für diese Produkte und auch mit seiner Ornamentbrennerei beträchtlichen Absatz, ins damals sogenannte »Ausland«. Der später von der Familie Hess übernommene Betrieb führte im Jahre 1863 den Falzziegel als neues Produkt aus Frankreich ein. Die Ziegelei Hess brennt ihre Ziegel in Waiblingen noch heute. Auch die aus der 1873 gegründeten Dampfziegelei hervorgegangenen Kaminwerke Schofer sind noch am Markt.

Im Jahr 1862 waren in Waiblingen 226 Handwerker, 16 Händler, 5 Mühlen, 31 Wirtschaften und 8 Getränkefabrikanten im Gewerbekataster erwähnt. Seit alters gab es die Zünfte der Bäcker, der Kaufleute, der Küfer und Kübler, der Metzger, der Seifensieder, der Sattler, der Feuerarbeiter, der Schuhmacher, der Schneider und der Seckler, der Schreiner, Dreher und Glaser, der Steinhauer, der Zimmerleute und der Wagner, außerdem die Rot- und Weißgerber.

Die Metallindustrie, die mit der Maschinenbaufirma der Gebrüder Roller und den Karcherschen Schraubenwerken in Waiblingen eine wichtige Rolle spielte, genießt heute durch die Firma Andreas Stihl, als größtem Motorsägenhersteller der Welt, besonderes Ansehen. Die Firma Stihl unterhält zwei Werke in Neustadt und einen weiteren Betrieb beim Bahnhof in der Kernstadt mit insgesamt etwas mehr als 3 000 Arbeitnehmern. Mit den in Waiblingen beheimateten Geschäftsbereichen Kunststoff und Verpackungsmaschinen und neuerdings auch einem Betrieb im Bereich der Industrieausrüstung hat die Firma Bosch mit ebenfalls fast 3 000 Arbeitnehmern großes Gewicht für die Stadt erlangt. Die modernen Werkanlagen von Bosch und Stihl sind beispielhaft. Die Waiblinger Verpackungsmaschinenindustrie ist aus der durch schwäbischen Erfindergeist und Fleiß sprunghaft gewachsenen Firma Höfliger & Karg hervorgegangen. In einem großzügigen Fabrikneubau am Wasserturm wurde auch die aus Cannstatt ausgesiedelte Firma Hesser aufgenommen.

Die Struktur von Gewerbe und Industrie in der Stadt Waiblingen ist außer den großen Unternehmen durch eine hohe Zahl mittelgroßer und kleiner Betriebe ausgeglichen. Hier sind Firmennamen wie die von Kaiser (»Drei Tannen«) zu nennen, deren Stammhaus am Waiblinger Marktplatz lag und seit 1895 an der Bahnhofstraße liegt. Nach der Zahl der Arbeitnehmer sind an Fabrikationsbetrieben beispielsweise auch Firmen wie das Remswerk, Emerson Electric, Daimler-Benz, Laurin, Nudelpeter und andere mehr zu erwähnen. Stark vertreten ist auch das graphische Gewerbe mit mehreren Druckereien und dem Zeitungsverlag Waiblingen im Ameisenbühl.

Der zentralen Bedeutung der Kreisstadt entsprechend ist außer der Anzahl der Arbeitsplätze im produzierenden Gewerbe (über 10 000) auch die im Dienstleistungssektor in den vergangenen Jahren gestiegen. Insgesamt 20 000 Beschäftigte gehen in Waiblingen ihrer Arbeit nach. In den vergangenen Jahren haben die öffentlichen und privaten Dienstleistungsbereiche (8 000 Beschäftigte) an Bedeutung zugenommen. In Waiblingen sind zehn namhafte Banken und Kreditinstitute mit teils zahlreichen Filialen vertreten, darunter auch eine Zweigniederlassung der Landeszentralbank. Herausragend sind die Kreissparkasse Waiblingen mit einem Bilanzvolumen von 3,9 Mrd. Mark und die Volksbank Waiblingen. Alte örtliche Handels- und Dienstleistungsbetriebe wie die Firmen Platten-Konz, Omnibus-Ruoff und Auto-Lorinser sind weithin bekannt.

Die Geschäftigkeit, die man unserem Land nachsagt, ist besonders an Markttagen zu spüren. Der um die

Arkaden des Alten Rathauses erweiterte Marktplatz ist mit den bunten Ständen voller Gemüse und Blumen die farbige Mitte einer lebendigen Einkaufsstadt.

Wie man wohnt

Wer vor 50 Jahren in Waiblingen oder in einer jetzt zur Stadt gehörenden Ortschaft wohnte, lebte im Regelfall im Bereich der Innenstadt oder in den alten Ortskernen.
In der Nachkriegszeit sind moderne Wohngebiete entstanden, die heute in der Wohnstruktur überwiegen. Als Beispiel ist zu nennen das in den Jahren 1953/54 bebaute Wohngebiet »Rinnenäcker« südlich der alten Bundesstraße, das sich an die schon vor dem Krieg gebaute Siedlung »Sommerhalde« anschloß. In den »Rinnenäckern« haben sich Vertriebene und Einheimische teilweise miteinander Häuser und Wohnungen geschaffen. Eigenheime und Geschoßwohnungen gruppieren sich um eine Grünanlage und den »Danziger Platz«, um Schule, Kindergärten und Kirchen.
Als größte Stadterweiterung wurde das in den sechziger Jahren geplante Wohngebiet »Korber Höhe« gebaut. Als das Bevölkerungswachstum zurückging, wurde die als Demonstrationsbauvorhaben des Bundes entwickelte verdichtete Planung kritisiert, einzelne Bereiche konnten jedoch noch umgeplant und niedriger gehalten werden. Die Nähe des Wohngebiets zur alten Stadt, die Aussichtslage und die Gruppierung um das moderne Salier-Schulzentrum, die gute Ausstattung mit Kindergärten, Sportanlagen, kirchlichen Räumen und kommunalen Gemeinschaftseinrichtungen sowie Geschäften, die im sogenannten »Mikrozentrum« gelegen sind, haben bewirkt, daß viele Bewohner der »Korber Höhe« zu zufriedenen Bürgern der Stadt Waiblingen geworden sind. Die »freundlichen Bürger von der Korber Höhe« tragen durch ihre Bürgeraktion, die mit der Stadt zusammenarbeitet, wesentlich dazu bei.

In den Ortschaften und in der Kernstadt sind begehrte Wohngebiete nicht zuletzt in den Hanglagen entstanden. Zu erwähnen sind u. a. der »Galgenberg« im Bereich der Alten Winnender Steige, der »Hausweinberg« in Beinstein oder die Gebiete »Burgmäuerle« in Hegnach, »Beethovenstraße« in Bittenfeld, »Bildäkker« in Hohenacker oder »Klinglestal« in Neustadt. Die Stadt hat sich vorgenommen, sich zum Schutz der Landschaft mit der Ausweisung neuer Baugebiete zurückzuhalten, zumal Mitte der achtziger Jahre Wohnbauflächen auf alten Industriegeländen angeboten werden, die früher nicht zur Verfügung standen. Einige neue Wohnbaugebiete wie die Erweiterung des »Galgenbergs«, die Gebiete »Hartweg« in Hegnach, »Berg/Bürg« in Bittenfeld, »Nördlich des Benninger Wegs« in Hohenacker und »Neustadt Nord« werden schon bebaut oder sind dafür vorgesehen.
Die bauliche Zukunft von Stadt und Ortschaften liegt vor allem in der Sanierung alter Baugebiete und Häuser. Die Waiblinger Innenstadt mit der bisher leider erst in einem Teilstück der Langen Straße fertiggestellten Fußgängerzone und Sanierungen in der Mitte von Ortschaften zeigen, wie durch gezielte Eingriffe in alte Bausubstanz und durch erhaltende Erneuerung von Gebäuden moderne Nutzung gezogen werden kann, ohne daß der Bezug zur Vergangenheit verlorengeht.

In der Landschaft des Remstals

Waiblingen kann sich rühmen, mit den »Erleninseln« in der Talaue vor der alten Stadt einen einzigartigen Teil der Flußlandschaft der Rems in den siebziger Jahren wieder öffentlich zugänglich gemacht zu haben. Zwischen Neustadt und der Mündung in den Neckar erstreckt sich außerdem eine als Naturraum erhaltene, geschützte Mäanderlandschaft, die auf weiter Strecke von Lärm und Bebauung frei ist. Damit hat das Remstal, das in seinem oberen Verlauf durch Weinberge und blühende Obstbaumhänge bekannt ist, auf Waiblinger Markung einen vom Fluß selbst ausgehenden, von vielen Menschen jetzt neuentdeckten Reiz. Mit modernen Kläranlagen, von denen eine sogar die thermische Energie des Abwassers verwertet, leistet die Stadt ihren Beitrag zur Sauberhaltung der Rems.

Wer die alte Stadt zum erstenmal besucht, stellt mit Erstaunen fest, daß Rems- und Mühlkanal in ihrem Verlauf von der Michaelskirche bis zum Beinsteiner Torturm unmittelbar bis an die alte Stadtmauer heranreichen. Die Stadtmauer aus dem 15. Jahrhundert, die über der Rems an der Stelle errichtet wurde, bis zu der sich einst die Kaiserpfalz ausdehnte, ist einer der wenigen alten Siedlungsränder, die sich im Lande seit über 1000 Jahren bis auf den heutigen Tag erhalten haben.

Aus der Talaue der Rems öffnet sich die freie Landschaft nach Nordosten zu den Berglen, nach Süden zum Schurwald und weiter zum Schwäbischen Wald und zur Ostalb.

Die Landschaft des Remstals, in die die Stadt Waiblingen und die Ortschaften eingebettet sind, bietet nicht mehr die großflächigen Obstbaumwiesen, in deren Blüten einst die kleinen Orte versteckt lagen. Dennoch sind Stadt und Ortschaften, obwohl sie eine kommunale Einheit bilden, eigenständige, durch Grünzüge voneinander getrennt liegende Siedlungen. Diese landschaftlichen Gegebenheiten sollen auch in künftigen Entwicklungskonzepten beachtet werden.

Beinstein am Südhang der Stadt wird als einer der ältesten Weinbauorte des Remstals genannt, der Ortsname erinnert an ein turmartiges römisches Grabmal »Beim Stein«. In den breiten Remswiesen liegen beachtliche Mineralquellen, die heute zur Mineralbrunnen AG Bad Ditzenbach gehören.

Der nördliche Markungsteil wird von Bittenfeld eingenommen, das nicht mehr im Remstal, sondern am Zipfelbach liegt. Es verfügt über eine große landwirtschaftliche Markung. Die schönen Waldgebiete »Zuckmantel« und »Brühleichen« stellen schon eine Verbindung mit dem weithin sichtbaren Lemberg im Kreis Ludwigsburg her.

Hegnach fällt durch seine Dächer über dem westlichen Steilufer der Rems auf, reicht aber mit einem großen Teil seiner Markung ins Schmidener Feld. Die landwirtschaftlich wertvollen Böden wurden traditionell auch für Sonderkulturen wie Zichorie und Pfefferminze genutzt.

Hohenacker liegt, wie der Name sagt, auf der Hochfläche zwischen Rems, Erbach und Zipfelbach, auf der sich zwei Römerstraßen kreuzten. Das günstige Gelände und die Nähe zum Bahnhof Neustadt haben die Gemeinde in den Nachkriegsjahren zu einem begehrten Wohn- und Gewerbeort gemacht.

Das alte Neustadt, mit seiner früheren Burg als »Trutz-Waiblingen« gegründet, liegt remsabwärts von der Stadt auf steilem Muschelkalkfelsen. Die Markung zieht sich nach Osten bis zu den Weinhängen des beim Korber Kopf gelegenen Sörenbergs hin. Im Tal der Rems lag einst »Bad Neustädtle«, das begehrter Treffpunkt in der Zeit der schwäbischen Dichterschule war. Hier hat sich die Firma Stihl mit ihrem ausgedehnten Stammwerk angesiedelt und dem Ort starke Impulse erteilt.

Als den Waiblingern besonders wichtiger Markungsteil ist der Stadtwald auf der Buocher Höhe anzusprechen. Mit seinen rund 400 Hektar erstreckt er sich von den Weinbergen bei Korb-Steinreinach, von denen man einen beherrschenden Blick auf das Remstal und ins Neckartal hat, bis hinter Buoch. Erst durch die Bildung selbständiger Ortschaften um Waiblingen während des späten Mittelalters wurde die Waldmarkung von der Stadtmarkung getrennt. Jedoch bestand bis zum Jahr 1931 durch den sogenannten »Holzweg« ein Korridor von Waiblingen bis zum Wald.

Straßen und Schiene, zu Fuß oder mit dem Fahrrad

Für die Zentralität einer Stadt sind die Straßen wichtig. Die sich in Waiblingen verzweigenden Bundesstraßen B 14 und B 29 wurden schon vor Jahren vierspurig ausgebaut. Besondere Bedeutung aber haben heute die Schiene und der öffentliche Nahverkehr. Der gerade zur Inbetriebnahme der S-Bahn fertig ge-

wordene Waiblinger Bahnhof mit Omnibuszentrum sowie Park-and-ride-Plätzen trägt dieser Aufgabe Rechnung. Waiblingen hat doppelte S-Bahn-Bedienung als Knotenpunkt für die Strecke Stuttgart – Schorndorf und nach Backnang. Vom zentralen Omnibusbahnhof aus gehen die Linien in alle umgebenden Orte, durch die Stadt und in die Ortschaften.
Wer zu Fuß durch die alte Stadt geht, freut sich darüber, daß der mittlere Teil der Langen Straße nun frei von Autos ist, auch der Marktplatz und benachbarte Bereiche sollen dem Fußgänger vorbehalten werden. Man darf den Weg von der Michaelskirche, vorbei an der alten Sonnenuhr am Chor der Nikolauskirche und weiter durch den bedeckten Mauergang zum Bädertörle nicht versäumen. Daran schließen sich die Wege und Stege unter den schattenspendenden Bäumen der Erleninseln an. Einige kunstvoll gesägte Verzierungen des alten Bahnhofs haben auf der kleinen Insel in einem interessanten Pavillon neue Verwendung gefunden.
Wanderern wird empfohlen, ihr Auto beim Bürgerzentrum oder beim Hallenbad abzustellen und von dort aus auf den markierten Wegen entlang der Rems zu gehen. Über Beinstein oder auch auf dem »Holzweg« gelangt man zu den Weinbergen von Kleinheppach und Steinreinach und weiter in den Stadtwald auf der Buocher Höhe.
Die ebenen Wege an der Rems laden auch zu Fahrradausflügen ein. Von der Waldmühle remsabwärts führt der Weg zunächst auf dem linken Ufer am Werk Stihl vorbei, dann geht es auf dem rechten Ufer unter dem hohen Eisenbahnviadukt hindurch und vielen malerischen Flußwindungen folgend bis nach Remseck.
Bei jeder Ortschaft verzweigen sich die Wege. Den Burgberg hinauf und durch das alte Neustadt läßt sich eine Wanderung zum Sörenberg anschließen, die über die Winnender Steige zum Beinsteiner Tor zurückführt. Man geht oder radelt aber auch leicht bis zur Vogelmühle, von wo der Ausflug nach Hohenacker und Bittenfeld ausgedehnt werden kann. Eine schöne Rundtour läßt sich über Hegnach oder den Hartwald, das Schmidener Feld und zurück durch das Kostesol machen.

Zentrum für Rems und Murr

Waiblingens zentrale Bedeutung fiel der Stadt nie in den Schoß. Als Amtsstadt lag Waiblingen auf engem Raum zwischen Bad Cannstatt, Ludwigsburg, Winnenden, Schorndorf und Esslingen. Das uns heute als Doppelzentrum verbundene Fellbach gehörte bis 1923 zum Oberamt Cannstatt, der größte Teil von Weinstadt, und die Gemeinden remsaufwärts waren ursprünglich beim Oberamt Schorndorf. Wesentliche Teile des alten Amtes Waiblingen mußten noch 1808 an Cannstatt und Ludwigsburg abgetreten werden, während Waiblingen gleichzeitig durch die Auflösung des Amtes Winnenden Zuwachs erfuhr. Erst mit der Kreisreform im Jahre 1938 konnte Waiblingen seine Funktion als Zentrum an der Rems zwischen Fellbach und Schorndorf und auch für die Räume Winnenden und Welzheim voll übernehmen.
Im Jahr 1973 ist Waiblingen zur Kreisstadt des Rems-Murr-Kreises geworden, der auch den Bereich Backnang mit dem Raum Murrhardt einschließt. Das beinhaltet die Aufgabe, als Kreisstadt im Osten von Stuttgart die Funktion zu übernehmen, die im Norden Ludwigsburg und im Süden die alte Reichsstadt Esslingen erfüllen.
Zwischen Stuttgart einerseits und Schorndorf und Backnang andererseits haben hier mehr und mehr zentrale Einrichtungen ihren Sitz gefunden. Das zeigt gerade in jüngerer Zeit eine Vielzahl interessanter Neubauten z. B. des Landratsamtes, der Kreissparkasse, des Bahnhofs, der Landeszentralbank, des Arbeitsamtes, der Allgemeinen Ortskrankenkasse, der Volksbank, des Postamts und der Kreishandwerkerschaft.

Was wir an unserer Stadt mögen

Jeder Waiblinger, wo immer er in der Welt ist, trägt die Aussicht vom Hochwachtturm auf die ellipsenförmig von der Stadtmauer umschlossenen Häuser der Innenstadt mit sich, die wieder viel vom Schmuck ihres Fachwerks zeigt. Marktplatz und Lange Straße, die sich heute als Fußgängerzone neuer Beliebtheit erfreuen, stehen uns vor Augen. Nach Osten schweift der Blick über die Remswiesen. Man sieht das Kreiskrankenhaus und die Silhouette der Korber Höhe, dazu das Bürgerzentrum und das Hallenbad. Den Hintergrund bilden die Hügel des Korber und des Kleinheppacher Kopfs, des Schönbühls und des Schurwalds.

Einige Schritte weiter auf dem Turmumgang sehen wir die alte Michaelskirche und das ihr unmittelbar benachbarte Nonnenkirchlein, das wegen seines Netzgewölbes und dessen farbigen Figuren einen besonderen Besuch lohnt. Den höchsten Turm der Stadt hat die katholische Antoniuskirche in der Fuggerstraße. Als Geschäftszentrum fällt die Querspange am Alten Postplatz auf. Beim Blick nach Westen erkennen wir das große Kreisberufsschulzentrum im Ameisenbühl, neben dem sich das von der Anstalt Stetten getragene Berufsbildungswerk angesiedelt hat. Aus dem Gewerbegebiet »Eisental« blinkt die Reklame von Automobilfirmen.

Ein besonders spitzer Kirchturm ist der Mittelpunkt von *Beinstein*. Die alten Ortsstraßen lassen auch heute das bilderbuchmäßige Straßendorf erkennen, das sich zwischen dem Hang und der früher an diesen nah herankommenden Rems hinzog. »So lang wie Beinstein« war einmal eine Redensart.

Auch die *Neustadter* Kirche ragt aus dem Ort hervor und macht auf sich und ihre bedeutenden Fresken, darüber hinaus auf die renovierte Straße im »Städtle« aufmerksam. Wer von dort den alten Burgberg ins tiefeingeschnittene Remstal hinuntergeht, kommt zum alten „Bad Neustadt", nicht weit vom Verwaltungshochhaus der Firma Stihl.

Von *Hegnach* ist über die erneuerte Ortsmitte mit dem Rathaus zu berichten: Man freut sich über die alte Kirche und den renovierten »Schafhof«, der dem alten Baumeister Schickhardt zugeschrieben wird.

Das gegenüberliegende *Hohenacker* ist charakterisiert durch eine reizvolle Aussicht auf das Remstal, ebensosehr wie durch eine ebene Ackerfläche, die sich nach Schwaikheim zu ausbreitet. Auch dort hat die Kirche überdauert, die aus dem Fenster des neuen Bürgerhauses ein besonders hübsches Bild gibt.

In *Bittenfelds* charakteristischer Ortsstraße – die Ortschaft beging 1985 ihre 800-Jahr-Feier – finden wir das alte Schillerhaus, in dem der Vater des Dichters geboren ist. Das württembergische Schloß, wiederum von Schickhardt erbaut, ist leider nur noch in Resten vorhanden. Ein schöner achteckiger Dorfbrunnen zeigt als Brunnensäule den »Bittenfelder Löwen«.

Kirchen, Schulen, Einrichtungen

Waiblingen läge nicht im Remstal, wenn hier kein reges kirchliches Leben blühte. Einer der Söhne der Stadt, Jakob Andreae, wurde zum großen kirchlichen Diplomaten in nachreformatorischer Zeit und zum Kanzler der Universität Tübingen. Zu den evangelischen Kirchen, die in der Mitte von Stadt und Ortschaften stehen, sind in der Nachkriegszeit mehrere katholische Kirchen hinzugekommen. Auch die methodistischen Gemeinden und andere Religionsgemeinschaften haben Gotteshäuser errichtet. Durch die großen Bevölkerungsbewegungen ist der Anteil der Katholiken an der Gesamtbevölkerung wesentlich gewachsen, die Statistik weist 30 Prozent aus. Das kirchliche Leben findet seinen Ausdruck in bemerkenswerter Aktivität, von der Sozialarbeit bis zur hier besonders gepflegten Kirchenmusik. Erwähnenswert ist, daß die Konfessionen in erfreulichem Einvernehmen miteinander stehen; im Wohngebiet Korber Höhe wird demnächst ein ökumenisches Zentrum gebaut.

Waiblingen, das schon im Jahr 1267 eine Lateinschule

hatte, fühlt sich als Schulstadt. Für die heutige Situation ist wichtig, daß alle Ortschaften und großen Stadtteile ihre eigenen Grundschulen behalten haben. Die Gymnasien und Realschulen sind in drei gutausgestatteten Schulzentren mit Grund- und Hauptschulen zusammengefaßt: dem Stauferschulzentrum auf dem ehemaligen Münzschen Gelände, dem Salierschulzentrum auf der Korber Höhe, das dritte Zentrum, ohne Gymnasium, ist die Friedensschule Neustadt.

Von den Sportstätten hat das Freibad fast schon historische Bedeutung, es bewährt sich seit einem halben Jahrhundert. Dem steht heute ein schönes und ebenfalls beheiztes Waldfreibad in Bittenfeld zur Seite. Das vielgerühmte Waiblinger Hallenbad, das im Jahr 1974 fertiggeworden ist, hat viele Wünsche von jung und alt in Stadt und Umgebung erfüllt. Gleiches gilt von der Rundsporthalle und der zentralen Sportanlage im Oberen Ring mit den Vereinsheimen des »VfL« und des »VfR« sowie vom SKV-Platz am Wasen.

Aber auch in den Schulzentren und in allen Ortschaften finden sich große Sporthallen und moderne Sportplätze. Die Anlage des Reitervereins bei der Waldmühle und des Tennisvereins am Alten Neustädter Weg (18 Freiplätze und 3 Hallenplätze) werden für weithin beachtete Turniere genutzt.

Unsere Senioren sind in die Begegnungsstätte eingeladen, die in einem von Dekan Ulrich Herzog gestifteten Haus in der Fuggerstraße geführt wird. Wer Heim und Pflege braucht, findet diese am Kätzenbach in zwei modernen Altenheimen, das Feierabendheim mit 155 Bewohnern von einem Verein dieses Namens, das Marienheim mit 125 Bewohnern von der Caritas getragen.

Das Kreiskrankenhaus sichert mit seinen 357 Betten die Versorgung der Bürger der Stadt und einer weiten Umgebung. Das Kinderkrankenhaus am Bahnhof nimmt sich in besonderer Weise der Frühgeborenen an.

Die Vielfalt von Bildungsangeboten zeigt sich nicht nur in den allgemeinen Schulen, sondern ebensosehr im Bereich der Erwachsenenbildung durch Volkshochschule und Familienbildungsstätte, für Kinder und Jugendliche auch in der Musikschule Unteres Remstal, die von den Städten Waiblingen und Weinstadt gemeinsam mit den Gemeinden Kernen und Korb mit Sitz in Waiblingen betrieben wird.

Für die freie Jugendarbeit wurde ein Jugendhaus in der Villa Roller eingerichtet. Überdies stehen den Jugendlichen in verschiedenen Stadtteilen die Räume und Angebote von Jugendtreffs offen.

Mehrere Betreuungsorganisationen und soziale Dienste, u. a. für die ausländischen Bewohner der Stadt, haben ihr Zuhause in den beiden von der Stadt erworbenen Mühlen, der Häckermühle und der Hahnschen Mühle. Die von der Anstalt Stetten betriebene beschützende Werkstatt für Behinderte hat nun im früher Oppenländerschen Fabrikgelände ihren neuen Platz gefunden.

Das Heimatmuseum, das einst im Nonnenkirchlein seinen Anfang genommen hatte, war vor Jahren von der Stadt im alten Dekanat eingerichtet worden. Die jetzt neugestaltete Sammlung vermittelt einen hervorragenden Eindruck, wie Waiblingen in vergangenen Jahrhunderten aussah, wie man hier wohnte und arbeitete. Die Betreuung haben ehrenamtliche Helfer des seit 50 Jahren bestehenden Heimatvereins übernommen, der sich in vielerlei Hinsicht um die Darstellung von »Waiblingen in Vergangenheit und Gegenwart« verdient gemacht hat.

Freunde in Europa

Im Rat der Gemeinden Europas trafen sich die Bürgermeister von Waiblingen und Mayenne, woraus die im Jahr 1962 vereinbarte Partnerschaft entstand. Die Stadt Mayenne, zwei Autostunden westlich von Paris an dem vom Süden der Normandie zur Loire strömenden gleichnamigen Fluß Mayenne gelegen, hatte damals schon eine Verbindung zu der südenglischen Stadt Devizes. Das eröffnete die Chance für eine Dreierpartnerschaft, und man trifft sich nun einmal jährlich im Wechsel in Mayenne, Devizes oder Waiblingen.

Die breite Resonanz, die diese europäische Verbindung in der Bevölkerung findet, ist außergewöhnlich. Hunderte von Waiblinger Bürgern fahren zu den Partnerschaftsfesten sowohl nach Frankreich, wie auch nach England. Um möglichst vielen die Teilnahme zu ermöglichen und persönliche Freundschaften zu knüpfen, wohnt man nicht im Hotel, sondern ist Gast in den Familien. Als die englische Gemeindereform der Stadt Devizes die kommunale Selbständigkeit nahm, schien die Partnerschaft erschwert. Aber dann konnten freundschaftliche Beziehungen zum Rat des Kennet Districts mit seinen 67 000 Einwohnern entwickelt werden. Die Partnerschaftsfreunde sind also zahlreicher geworden.

Eine Verbindung anderer Art, nämlich ein Patenschaftsverhältnis, verbindet Waiblingen mit den Vertriebenen aus Csavoly im Süden Ungarns. Die Csavolyer hatten sich schon seit Jahren jährlich in Waiblingen getroffen. Auf ihre Bitte hin übernahm die Stadt Waiblingen im Jahr 1973 die Patenschaft, die – wie es in der Urkunde heißt – dazu beitragen soll, die Liebe zur alten Heimat zu erhalten und ihr kulturelles Erbe in der neuen Heimat zu bewahren. Mehrere Reisegruppen aus Waiblingen haben seitdem Csavoly aufgesucht und Verbindungen zu Ungarn geknüpft. Die im Beinsteiner Torturm eingerichteten Csavolyer Heimatstuben geben Zeugnis von der großen Geschichte der Donauschwaben.

Spielen und Feiern

Daß Arbeit vor Vergnügen kommt, ist den Waiblingern seit eh und je bekannt. Es war ein Zeichen besserer wirtschaftlicher Verhältnisse und des sozialen Fortschritts, als in der zweiten Hälfte des 19. Jahrhunderts Vereine gegründet wurden, in welchen musiziert, gesungen, gespielt und gefeiert wurde. Die Gesangvereine von Bittenfeld, Hegnach, Hohenacker und Neustadt sowie der evangelische Kirchenchor Waiblingen und der Philharmonische Chor Waiblingen haben die Zelterplakette erhalten, weil sie schon über 100 Jahre ihre Arbeit tun. Der »Turnverein Waiblingen« wurde 1862 gegründet.

Seit dem Jahr 1904 steht die Turn- und Festhalle in treuem Dienst. Hier traf man sich über acht Jahrzehnte lang zu Sport und Spiel.

Besonders in den Nachkriegsjahren hat sich eine bunte Vielfalt von Freizeitaktivitäten in allen Teilen der Stadt Waiblingen entwickelt. Neue Räumlichkeiten und Sportanlagen kamen zur Geltung, die Jahr für Jahr hinzugewonnen werden konnten. Feierliche Anlässe, Konzerte und Vorträge fanden ihren Platz im Jakob-Andreä-Haus, das die Evangelische Kirchengemeinde im Jahr 1966 fertigstellen konnte. Hier hat sich das Kammerorchester Waiblingen durch regelmäßige Konzerte sein Publikum geschaffen. Auch die Katholische Kirchengemeinde stellte ihren Saal unter der Antoniuskirche bereitwillig für gesellige Anlässe, für Jugendveranstaltungen, Laienspiel und Kabarett zur Verfügung. Die alte Turn- und Festhalle und auch der Marktplatz waren die Orte, an denen das Städtische Orchester seine großen Auftritte hatte, der Philharmonische Chor und auch der Gesangverein Frohsinn veranstalteten bedeutende Konzerte. Die Kirchenmusiken in der Michaelskirche sind seit dem Einbau der neuen Orgel weithin beachtet. In den Ortschaften werden die Bühnen der Mehrzweckhallen von den örtlichen Vereinen ständig in Anspruch genommen, auch der schöne Veranstaltungsraum im Bürgerhaus Hohenacker hat sich bewährt.

Im Rathaus finden regelmäßig die bekannten Rathaus-Ausstellungen statt; demnächst wird man die 100. Ausstellung präsentieren. Diese Ausstellungen sind zu einer festen Institution geworden und führen kunstinteressierte Besucher aus der Stadt und aus der ganzen Region zusammen.

Sportliche Ereignisse sind die vom VfL und anderen Vereinen ausgerichteten großen Wettkämpfe. Waiblingen sah schon die Deutschen Kunstturnmeisterschaften in der Rundsporthalle ebenso wie die Deutschen Leichtathletikmeisterschaften, die Deutschen Jugendmeisterschaften im Tennis und die Deutschen Meisterschaften im Crosslauf. Unvergessen ist das 55. Landesturnfest, das im Jahr 1980 hier stattfand. Farbig sind die Regatten des Rudervereins »Ghibellinia« auf der Rems und die jährlichen großen Stauferturniere, die der Reiterverein auf seiner Anlage austrägt. Die einzelnen Sportvereine bieten eine Vielzahl sportlicher Disziplinen an. Der VfL Waiblingen mit seinen vielen Abteilungen hat sich in der Leichtathletik und im Damenhandball einen besonderen Namen gemacht, während der Fußball von Vereinen wie dem SKV, dem VfR oder dem TSV Neustadt, der Tischtennissport vom GTV Hohenacker und der Handball auch vom TB Bittenfeld sehr gepflegt werden.

Die 700-Jahr-Feier der Stadt Waiblingen, die im Jahr 1950 veranstaltet wurde, steht in der Zahl der großen Waiblinger Feste in besonderer Erinnerung. Aber auch an die Partnerschaftsfeiern ist zu denken und an die mit Liebe von den Ortschaften gestalteten Straßen- und Herbstfeste oder Dorfabende.

Obenan in der Gunst der Bürger und Gäste rangiert das Waiblinger Altstadtfest, das seit 1975 im Sommer jeden Jahres auf den Plätzen und Straßen, in den Winkeln und Kellern unserer Innenstadt mit großer Begeisterung gefeiert wird.

Im Jahr 1985 waren es 1100 Jahre, daß die erste, heute noch erhaltene Kaiserurkunde hier in Waiblingen ausgestellt wurde. Dieses Jubiläum war Anlaß, in strahlendem Glanz des neuen Bürgerzentrums gefeiert zu werden, das mit dem Beginn des Jahres 1985 am Rande der Talaue eröffnet werden konnte. Nun haben die Waiblinger die langgewünschten Räume für Kultur und Geselligkeit. Drei Bühnen verschiedener Größe liegen unter einem Dach, die von der Schüleraufführung bis zur Oper und zum Sinfonie-Konzert, vom Jazz bis zum Oratorium zur eigenen kulturellen Aktivität und zum Besuch einladen. Wo Kaiser und Könige in der alten Pfalz empfangen wurden, kann nun neue Gastfreundschaft geboten werden.

So wollen wir Waiblingen

Als größte Stadt zwischen Stuttgart und Schwäbisch Gmünd nimmt Waiblingen seinen Platz im Osten der Region Mittlerer Neckar ein, zeigt die Stadt ihr unverwechselbares Gesicht.

Waiblingen ist seiner Geschichte verpflichtet, darum war es wichtig, die alte Stadtgestalt wieder besser sichtbar zu machen und historische Gebäude zu erhalten. Es hat seinen Charakter und viele schöne Wohngebiete von der Flußlandschaft des Remstals, in die Stadt und Ortschaften als gewachsene Siedlungseinheiten eingefügt sind. Die Wirtschaftskraft in Industrie, Handel und Gewerbe ist von Jahr zu Jahr gewachsen, weil große und kleine Unternehmen die Lage der Stadt als Zentrum am Rand des Verdichtungsraumes schätzen. Trotz des starken Wachstums in der Nachkriegszeit hat man in Waiblingen nicht vergessen, was es von der Kleinstadt, was vom Dorf zu bewahren gilt. Nicht große Zahlen, sondern die Menschen sollen die Zukunft bestimmen.

Wer in Waiblingen wohnt und wer als Besucher hierherkommt, kann von der Stadt sagen, was einmal vom alten Land Württemberg in die Worte gefaßt wurde:

»Doch wer's nach Höh' und Tiefe mißt,
merkt, daß es ohne Grenzen ist.«

1 Waiblingen im unteren Remstal

2 Die Kernstadt von Waiblingen. Im Vordergrund die Michaelskirche

3 Blick vom Hochwachtturm zum Beinsteiner Tor und zur Korber Höhe

4 Der Hochwachtturm mit der rekonstruierten Stadtmauer

5 Der Zehnthofbereich am Hochwachtturm

6/7   Mauergang der mittelalterlichen Stadtbefestigung

8 Tor zum Remstal

9 Turm der evangelischen Michaelskirche, erbaut 1459–1463

10   Das sogenannte Nonnenkirchlein (1496)

11   Evangelische Michaelskirche. Der kreuzrippengewölbte Chor von 1445–1450

12 Nikolauskirche. Die barocke Stuckkanzel schuf der Waiblinger Gipser Heinrich Waibel, wohl 1676

13 Die spätgotische Nikolauskirche, erbaut um 1480

14 Tor bei der Nikolauskirche

15 Am Bädertörlein

16 Steg bei der Bürgermühle

17 »Das Haus auf der Mauer«, daneben das Rathaus

18/19 Waiblinger Impressionen

20 Platz im Unteren Sack

21 Das »Spital« in der Unteren Sackgasse

22 *Rathausplatz mit Marktdreieck*

23 *Alt und neu. Das »Alte Rathaus« und das Marktdreieck*

24 Das »Alte Rathaus« von 1725/30 mit Grundmauern von 1597. Das Erdgeschoß war einst Markthalle und wurde bei der Renovierung 1975/76 freigelegt

25 Auf dem Marktplatz

26   Der Marktbrunnen mit der Justitia aus dem Jahre 1689

27   Der Marktplatz mit dem vorbildlich renovierten ehemaligen Fruchtkasten

28 Die Kurze Straße mit dem Heimatmuseum, einem Fachwerkbau aus dem 17. Jh.

29 *Der Marktplatz zur Weihnachtszeit*

30 Eckkonsole mit Löwenkopf an dem Fachwerkhaus Kurze Straße 11

31 Ehemalige Stadtschreiberei. Fachwerkdetail

umseitig:
32 Lange Straße, ein Teil der Fußgängerzone

33 Auf dem Weg zum Beinsteiner Tor

34 Das Eberhardswappen von 1491 am Beinsteiner Tor

35 Der Beinsteiner Torturm mit der ältesten steinernen Remsbrücke von Osten

umseitig:
36 Lichthof zwischen Rathaus und ehemaligem Dekanat

37 In der Hadergasse

38 Die »Querspange« als Verbindung zwischen den zwei Geschäftszentren

39 Die 1984 fertiggestellte Erweiterung des Landratsamts mit dem von Fritz Nuß gestalteten Brunnen (1985)

40 Der neue Omnibushof

41 Seit 1962 bestehen mit der französischen Stadt Mayenne und seit 1967 mit der englischen Stadt Devizes partnerschaftliche Beziehungen

42/43 Die Geschäftsbereiche Verpackungsmaschinen (Foto oben) und Kunststofferzeugnisse der Robert Bosch GmbH haben ihren Sitz in Waiblingen. Rechts: Blick in die moderne Kunststoffteilefertigung

44 Druckhaus Waiblingen und Zeitungsverlag Waiblingen, zwei erste Adressen, wenn es um gedruckte Informationen geht. Erfahrene Fachkräfte stellen sich auf höchste Ansprüche ein, denn hochwertige Qualität ist das Gütezeichen dieser der Tradition und dem Fortschritt verpflichteten Betriebe. Vier Tageszeitungen mit einer täglichen Auflage von 45 000 Exemplaren, die »Waiblinger Kreiszeitung«, die »Schorndorfer Nachrichten«, die »Winnender Zeitung« und die »Welzheimer Zeitung«, erscheinen im Zeitungsverlag. Sie vermitteln täglich eine Fülle von Daten und Fakten, Meinungen und Hintergründigem aus und für die Region

45 *Hauptstellengebäude der Kreissparkasse Waiblingen*

46/47 Höhepunkt des Jahres: das Altstadtfest

48 Konzert im Jakob-Andreä-Haus

49 Das neue Bürgerzentrum

50 Bürgerzentrum – Treffpunkt für Kultur, Geselligkeit, Tagungen

51 Steg über die Rems auf der Erleninsel

52 Restaurierter Keller einer römischen Villa

53 Eines der beiden beheizten Freibäder in Waiblingen

54/55 Die Rundsporthalle in der Talaue: Zentrum zahlreicher, auch internationaler Sportveranstaltungen

56 Überregionale Sportveranstaltungen sind die jährlichen Stauferreitturniere

57 Ruderregatta auf der Rems

58/59   Das Berufsschulzentrum. Rechts: Blick in die Beschützenden Werkstätten

60 Einkaufspassage auf der Korber Höhe

61 Moderner Wohnungsbau in Waiblingen

62 *Auf der Korber Höhe*

63 *Stadtteilfest auf der Korber Höhe*

64 Kläranlage Waiblingen mit Absorbtions-Wärme-
Heizwerk – ein Pilotobjekt des Umweltschutzes

65 Naturschutzgebiet Unteres Remstal

68 Trimm-dich-Pfad

vorhergehende Seiten:
66 Rebenlandschaft
am Korber Kopf

67 Weinlese

69   Ein Neoplan-Skyliner der Firma Ruoff-Reisen auf dem Waiblinger Marktplatz. Die Firma Ruoff ist als alteingesessenes Omnibus- und Touristik-Unternehmen weit über Baden-Württemberg hinaus bekannt

70 Die »Rialto-Brücke« über die Rems in Waiblingen-Beinstein von 1824/26

71 Das Rathaus in Waiblingen-Beinstein aus dem Jahr 1582

72 Produktions- und Lagergebäude der Remstal-Quellen in Waiblingen-Beinstein, die zur Mineralbrunnen AG in Bad Überkingen gehören

73　Das Stammwerk der Firma Andreas Stihl befindet sich in Waiblingen-Neustadt, direkt neben der Rems

74 Das Unterdorf in Waiblingen-Neustadt

75 Fresken aus dem ausgehenden 14. Jh. in der evangelischen Kirche in Waiblingen-Neustadt

76 Die Vogelmühle bei Waiblingen-Hegnach

77 Turm der evangelischen Nikolauskirche in Waiblingen-Hegnach

78 Fußgängerbereich in Waiblingen-Hohenacker

79 Waiblingen-Hohenacker. Die evangelische Kirche (1486)

80 Das Bürgerhaus in Waiblingen-Hohenacker

81 Die moderne katholische Kirche in Waiblingen-Bittenfeld

82 Waiblingen-Bittenfeld. Das 1721 erbaute Geburtshaus von Schillers Vater Johann Kaspar Schiller

83 Waiblingen-Bittenfeld. Fachwerkhäuser in der Schillerstraße

umseitig:
84 Der Löwenbrunnen in Waiblingen-Bittenfeld

Zeittafel zur Geschichte Waiblingens

von Wilhelm Glässner

	Archäologische Bodenfunde im Stadtgebiet aus
4000–1800 v. Chr.	Jungsteinzeit
1800–1200 v. Chr.	Bronzezeit
1200– 450 v. Chr.	Hallstattzeit
450– 15 v. Chr.	Latènezeit. Kelten
150 n. Chr.	Römische Besetzung hinter dem obergermanischen Limes. Größte römische Töpferei für Gebrauchskeramik im Limesgebiet.
259/260	Eindringen der Alamannen, die der Niederlassung auf dem Altstadtrücken den Siedlungsnamen Waiblingen gaben.
n. 536	Unter fränkischer Oberhoheit wird Waiblingen zentraler Herrschaftssitz und Verwaltungsmittelpunkt (verm. ab 746).
6./7. Jh.	Alamannisches Gräberfeld (ca. 600) entlang dem späteren Stadtgraben. Frühchristliche Missionierung mit Entstehung der Michaelskapelle auf dem Kirchenhügel. Es entsteht die größte Urpfarrei im späteren Alt-Wirtemberg.
771	Durch die 2. Heirat Karls d. Gr., seit 768 König, mit der fränkischen Grafentochter und alamannischen Herzogsenkelin Hildegard wird Waiblingen karolingischer Hausbesitz, eine Pfalz.
801	Karl d. Gr. stellt auf der Durchreise in Waiblingen Urkunden aus (nicht mehr erhalten).
885	Dessen Enkel, Kaiser Karl III., hält in der karolingischen Pfalz Waiblingen einen Hoftag. Eine Urkunde vom 23. 8. bedeutet die älteste erhaltene schriftliche Erwähnung des Ortsnamens: Actum ad Uueibelingan curta imperialis – Geschehen in Waiblingen, dem kaiserlichen Hof.
887	Karl III. hält sich zweimal – im April und Oktober – in Waiblingen auf. – Wo der Kaiser sich aufhält, ist der Mittelpunkt des Reiches.
908	Der letzte Karolingerkönig Ludwig das Kind weilt in Waiblingen (17. 12.).
…	140 Jahre keine urkundlichen Nachweise. Waiblingen bleibt im Besitz nicht regierender Nachkommen der Karolinger, Vererbungen meist über Frauen.
1003	Gisela von Schwaben, Tochter Herzog Hermanns II. von Schwaben und Nachkommin Karls d. Gr. in der 8. Generation, erbt die ehem. Pfalz Waiblingen.
1024	Gisela heiratet 1016 Konrad II. den »Waiblinger«, der 1024 zum deutschen König gewählt und 1027 zum römischen Kaiser gekrönt wird. Beide begründen das neue Herrschergeschlecht der »Heinriche von Waiblingen« (1157 Gesta Friderici), später die »Salier« genannt (1024–1125). Waiblingen wird Symbol mittelalterlicher Königsmacht.
1029	Gisela von Schwaben (993–1043), auch »von Waiblingen«, und Konrad II. »der Waiblinger« (1090–1139) begründen durch Familienstiftung die Familiengrabstätte im Dom zu Speyer, der 1061 vollendet ist. Nachkommen: 1024 Heinrich III., 1056 Heinrich IV., 1106–1125 Heinrich V.
1046	Heinrich III. im Remstal (Winterbach).
1048	Heinrich III. erneut im Remstal.
1080	König Heinrich IV. schenkt dem Domstift Speyer seine persönlichen Besitzungen in Waiblingen und Winterbach für die Familiengrabstätte (14. 10.).
1086	Speyer darf das Kirchengut Waiblingen verleihen (12. 1.). Friedrich I. von Hohenstaufen, seit 1079 Herzog in Schwaben, erhält Waiblingen vermutlich als Kirchenlehen zu seiner Hochzeit mit Agnes von Waiblingen, Tochter Kaiser Heinrichs IV. und nun Stammutter der Staufer.
1086	Heinrich IV. schenkt Speyer 26 Hufe im nahen Dorfe Beinstein (18. 6.), vor allem für seine früh verstorbene Tochter Adelheid († 1079). Erste urkundliche Erwähnung des Ortsnamens Beinstein und des Weinbaus im Remstal (aber schon zur Römerzeit betrieben).
1091	Herzog Friedrich I. erhält Waiblingen als Eigengut, nachdem Schwiegervater Heinrich IV. Speyer Ersatz gestellt hat. Waiblingen wird staufisches Hausgut. Agnes von Waiblingen hält sich – nach Chroniken – zeitweise in Waiblingen auf mit ihren Söhnen (Hz) Friedrich II. (geb. 1090) und (Kg) Konrad III. (geb. 1093).
1101	Nur Beinstein ist noch im Besitz von Speyer (10. 4.).
1105	Nach dem Tode Herzog Friedrichs I. kommt Waiblingen wahrscheinlich in den Besitz des 2. Sohnes Konrad III., Herzog in Ostfranken, 1138–1152 erster Stauferkönig.
1140	In dem Gefecht bei Weinsberg-Ellhofen, in dem die Stauferbrüder den gegnerischen Welf VI. besiegen (21. 12.), entstehen die Erkennungsrufe »Hie Welf!« – »Hie Waibling!« Die Stauferanhänger sind nun die »Waiblinger«. Die Parteinamen werden in Italien zu »Guelfen« und »Ghibellinen«.
1157	Friedrich Barbarossas Geschichtsschreiber Otto von Freising bezeichnet die kaiserlichen Vorfahren der Staufer als »Heinriche von Waiblingen«, sie waren die Nachkommen Karls d. Gr.
1185	Erste urkundliche Erwähnung von Bittenfeld in einem Protokoll von 1225.
n. 1200	König Philipp (1198–1208) übergibt den beiden wirt. Grafen Hartmann (1194–1240) und Ludwig III. (1194–1228) das untere Remstal mit Waiblingen (und den heutigen

	Ortschaften) als Reichslehen.
1225	Pfarrversammlung des Kapitels Schmiden (Waiblingen) in Beinstein, das eine Kirche und einen Kaplan haben mußte. Pfarrer Walther erster bekannter Geistlicher in Waiblingen.
1237	Das Stift Backnang besitzt den Großen Zehnten in Bittenfeld.
um 1246	Waiblingen wird zur Stadt erhoben.
1253	Erste urkundliche Erwähnung als wirt. Stadt. Mit dem Stadtrecht als erste Stadt der Grafen von Wirtemberg erhält Waiblingen das Hauswappen der Wirtemberger mit den drei Hirschstangen (Schildhaupt erst um 1535) als Stadtwappen und Stadtsiegel. – Ältestes Stadtsiegel von 1291 erhalten. – Bau des inneren Mauerrings (erstmals 1297 erwähnt) mit drei Stadttoren (1356 genannt). – Verleihung des Marktrechts (Erwähnung erst 1331).
1260	Gründung der Adelberger Pflege, der einzigen klösterlichen Niederlassung in der Stadt; dagegen haben verschiedene Klöster zeitweise Besitzungen in Waiblingen.
1265	Erste Nennung eines Schultheißen.
1267	Nachweis einer Lateinschule.
1268	Mehrere Mühlen bezeugt (zwei oder schon drei?).
1269	Ersterwähnung der Nikolauskapelle (für Burg/Schloß?).
1282	Erste urkundliche Erwähnung von Hegnach.
1287	Landvogt Albrecht von Hohenberg errichtet die Burg Nova Civitas als »Trutz-Waiblingen« – erste urkundliche Erwähnung des Dorfes Neustadt.
1291/93	Zerstörung der Burgfeste Waiblingen im Reichskrieg.
1297	Erste Erwähnung des Schlosses (Reste heute: Rathauskeller).
1308	Ortsadel in Bittenfeld, der oft wechselt.
1310	Im Städtekrieg wird der römische Clodiusstein bei Beinstein (Schüttelgraben?) zerstört.
1312	Waiblingen muß sich im Reichskrieg der Reichsstadt Esslingen unterstellen und siegelt mit dem Reichsadler.
1315	Waiblingen wird wieder eine wirt. Grafenstadt.
1321	Mit der Verlegung der Grablege der Wirtemberger von Beutelsbach nach Stuttgart wird Waiblingen zur zweiten Grafenstadt zurückgedrängt.
1350	Im Alt-Wirtemberger Urbar werden alle Rechte und Einkünfte der wirt. Herrschaft in Stadt und Amt (mit 16 Flecken ohne Bittenfeld) aufgeführt, die von der (Amts-) Pflege kassiert werden. – Zwei Fron-/Herrenhöfe (276 Morgen), zwei Bauhöfe (201 Morgen).
	Waiblingen hat ca. 600 Einwohner, Beinstein 200 (37 Wohnstätten), Hohenacker und Neustadt je 140 (26 Wohnstätten). Erste urkundliche Erwähnung von Hohenacker.
1407	Graf Eberhard III. der Milde weist seinem Sohn Eberhard IV. d. J. bei der Heirat mit Henriette von Mömpelgard das Schloß Waiblingen zu. Hier werden drei Kinder geboren:
1408	Anna von Wirtemberg, verheiratet 1422 mit Philipp von Katzenelnbogen, 1457 geschieden, 1459–1470 in Waiblingen; sie stiftet eine Marienkapelle mit Gruft.
1412	Ludwig I., hernach Graf von Wirtemberg-Urach (1442).
1413	Ulrich V. der Vielgeliebte, Wirtemberg-Stuttgart (1442).
1419	Graf Eberhard IV. d. J. in Waiblingen gestorben.
1421	Nachweis des ersten Obervogts, 1425 des ersten Untervogts.
1426	Graf Ludwig I. wird in Waiblingen als Herr zu Wirtemberg eingesetzt.
1433	Die Grafenbrüder Ludwig und Ulrich sind häufig in Waiblingen. Wahrscheinlich entstand in dieser Zeit die Sachsenheimer Gasse (Freihofstatt auf dem Markt?).
1439	Graf Ludwig II. in Waiblingen geboren, Sohn der Mechthilde von der Pfalz.
1441	Waiblingen wird Wittum der Gräfin Margarethe von Cleve († 1444), 1. Gemahlin Ulrichs V.
1442	Bei der Landesteilung gehört Waiblingen zum Stuttgarter Teil von Ulrich dem Vielgeliebten (bis 1482).
1443 – v. 1450	Neubau des Chores der Michaelskirche in heutiger Gestalt (zwei Vorgängerbauten).
1445	Waiblingen wird Wittum der Elisabeth von Baiern-Landshut († 1451), 2. Gemahlin Ulrichs V.
1447	Graf Eberhard VI. in Waiblingen geboren.
1450 – ca. 1491	Bau des äußeren Mauerrings. Erhöhung des Fellbacher Torturms mit Ulrichwappen.
1457	Pest in Waiblingen.
1459 – 1463	Bau des Turms der Michaelskirche und der Wehranlage durch Hans von Landau.
1462	Stiftung der ersten Predigerstelle durch Hans Wagner.
1462	Endersbach trennt sich von der Mutterkirche Waiblingen.
1463 – 1491	Waiblingen wird wegen des verlorenen Pfälzer Krieges an die Pfalz verpfändet.
1466	Das Stift in Stuttgart erhält die Kirche in Beinstein und erwirbt 1482 den Wein- und Kornzehnten.
1470	Verhältnismäßig früh beginnen die Weinrechnungen.
1470	Entstehung eines Spitals, vermutlich anstelle des früheren Sondersiechenhauses. Zuvor bestand schon das Beginenhaus (später Nonnenhaus).
1471 (ca.)	Bau der beiden Kapellen, spätere Chöre der Seitenschiffe, mit Michaelsbild.
1473	Bau der Siechenhauskapelle.
1476	Erstmalige Nennung eines Rathauses.
1477	Waiblingen hat 148 Herdstellen (ca. 1000–1200 Einwohner).
1480 (ca.)	Erweiterung der Nikolauskapelle zu einer Saalkirche als Übergang für den Bau der Michaelskirche.
1480 – 1490	Vollendung der dreischiffigen Hallenkirche St. Michael – Kanzel von 1484.
1481	Von der Mutterkirche Waiblingen trennen sich Neustadt, 1482 Korb, 1486 Hohenacker, 1495 Strümpfelbach, 1510 Hegnach.
1482	Waiblingen im wiedervereinigten Wirtemberg.
1482/83	Ein Teil der Universität Tübingen flieht vor der Pest nach Waiblingen unter dem Waiblinger Rektor Dr. Georg Hartzesser.
1485	Nikolauskirche in Hegnach erbaut, Kapelle 1414 erwähnt.
1490	Nun die Stadt- und Amtsschreiber namentlich bekannt.
1491	Erhöhung des Beinsteiner Torturms mit Eberhardwappen, wahrscheinlich zur Vollendung der äußeren Ringmauer.
1491	Erste steinerne Remsbrücke vor dem Beinsteiner Tor.
1496 – 1510	Bau des zweigeschossigen Nonnenkirchleins.
1498	Neubau der Adelberger Pflege mit Abtwappen.
1503	Waiblingen hat eine Pfarr- und acht Kaplanstellen.
1506	»Ostergelächter« in der Michaelskirche.
1511	Waiblingen und Winnenden werden Wittum der Herzogin Sabine von Bayern, Gemahlin Herzog Ulrichs (bis 1555).
1512 – 1515	Herzogin Sabine wohnt in Waiblingen getrennt von Herzog Ulrich.
1514	Unruhen in Waiblingen während des Bauernaufstandes »Armer Konrad« im Remstal (28. 4.).
1519	Waiblingen ergibt sich dem Schwäbischen Bund (7. 4.).
1519	Der Waiblinger Fahnenträger (Erno?) verteidigt bei Hedelfingen seine Fahne trotz abgeschlagener Hände (14. 10.).
1519	Allgemeine Pest, in Stadt und Amt Waiblingen 1300 Tote (?).
1520	Waiblingen kommt mit dem Land an Österreich. Herzogin Sabine erhält ihr Wittum zurück. Waiblingen und Winnenden huldigen der Stadtherrin (bis 1534).
1525	Im Bauernkrieg wird Waiblingen vorübergehend von einem Bauernhaufen besetzt (29. 4.).
1527	Leonhard Werner predigt in Waiblingen im Sinne der neuen reformatorischen Bewe-

	gung (wird 1528 vertrieben, 1531 nach Esslingen).
1528	Jakob Andreae in Waiblingen geboren, 1562–1590 Kanzler der Universität Tübingen, 1577/80 »Vater« der Konkordienformel.
1534	Herzog Ulrich wieder Stadt- und Landesherr (Mai).
1534	Erhard Schnepf führt die Reformation ein (Herbst); Waiblinger Reformationslied von Paul Speratus: »Es ist ein Heil uns kommen her.« Nun ev. Geistliche, Dekan (Spezial) ab 1547, 2. Pfarrer (Diakon) ab 1536.
1535	Geistliche Verwalter für das Kirchengut, 1536 Kastenpfleger, ab 1577 bekannt.
1546	Das Amt Waiblingen muß 466 Milizsoldaten für den Schmalkaldischen Krieg stellen.
1548	Spanier in Waiblingen (Interim bis 1552).
1550	Das Schloß ist vorübergehend Sitz des Obervogts, dann des Untervogts.
1551	Herzogin Sabine wird nach dem Tode Herzog Ulrichs (1550) wieder Stadtherrin, tauscht aber 1555 das Schloß mit Nürtingen, macht vorher eine Stiftung für das Beginenhaus.
1556	Neubau des Siechenhauses.
1558	Beginn der Kirchenbücher (Taufregister erhalten).
1558	Herzogliche Adelberger Pfleger.
1560	Bau eines Schulhauses – nun Deutsche Schulmeister.
1561	(vor) Stadtgerichtsadvokaten
1561	Zweiter Lateinschullehrer (Kollaborator).
1563	Hinrichtung von fünf Falschmünzern.
1564	Wieder Pest in Waiblingen, 700 Tote in Stadt und Amt.
1571	Das Hofgericht in Tübingen flieht wegen der Pest nach Waiblingen. Schüler und Bürger von Waiblingen führen das Festspiel »Das Jüngste Gericht« in Waiblingen und Stuttgart auf.
1580	Erste Apotheke in Waiblingen (ab 1624 zwei).
1584	Reiches Weinjahr – zweite bauliche Blüte der Stadt.
1597	Zweiter Rathausbau auf dem Markt.
1600	Erster Mediziner in der Stadt – Stadt- und Amtsphysikus.
1600	Obervogt Jakob von Gültlingen wird auf dem Markt hingerichtet (Justizskandal).
1618 – 1648	Dreißigjähriger Krieg. Zunächst mehrmalige Durchzüge und Einquartierungen von Truppen.
1634	Waiblingen wird nach der Schlacht von Nördlingen bis auf fünf Gebäude völlig zerstört. Große Verluste unter der Bevölkerung (18. 9.).
1635	Große Hungersnot und Seuchen.
1635	Beinstein, nun größter Amtsflecken, wird vorübergehend Amtssitz.
1637	Kreuzer- statt Pfundwährung (1 Gulden = 60 Kreuzer).
1639	In Stadt und Amt sind von 1350 Bürger nur 135, in der Stadt von 400 nur 30 übrig.
1640	Zaghafter Beginn des Wiederaufbaus; vor 1634: 428, 1655: 154, 1670: 175, 1709: 263 Gebäude.
1642	Einführung des Kirchenkonvents.
1644 – 1646	Wieder Besatzungen.
1649	Einführung der Volksschulpflicht.
1650	Interims-Rathaus im ehem. Kornhaus (1665 erweitert) – Schmidener Straße 1.
1674 – 1682	Wiederaufbau der Nikolauskirche – Barockkanzel von Heinrich Waibel (1676).
1680	(ca.) Erweiterung der Weingärtnervorstadt.
1688	Der Marktbrunnen erhält die Justitia.
1688/89	Kontributionen an französischen General Montclair (106 000 Gulden).
1701	Wiederaufbau der Heinrichsmühle (1806 Häckermühle).
1701	Geistliche Verwaltung und Adelberger Pflege werden vereinigt (1807 Kameralamt).
1701 – 1714	Spanischer Erbfolgekrieg: Wiederholte Truppendurchzüge mit Einquartierungen und Dienstleistungen, u. a. für den Kriegsrat der verbündeten Heerführer in Großheppach – fünf Jahrzehnte Einquartierungen.
1706 – 1710	Wegen Zahlungsunfähigkeit werden die Steuern durch Einquartierungen eingetrieben.
1709	Hungersnot, die Hälfte der Bevölkerung geht am Bettelstab.
1709	Waiblingen muß jährlich eine Beisteuer für das neue Waisenhaus in Stuttgart geben.
1715	Neuregelung der Flößerei für das Brennholz aus dem Welzheimer Wald.
1718	Waiblingen muß für das neue Amt Ludwigsburg das große Schmiden abgeben und erhält das kleine Kleinheppach.
1722 – 1725	Waiblingen muß in der neuen Residenz Ludwigsburg ein Haus bauen.
1725 – 1730	Wiederaufbau des Rathauses am Markt.
1730	Neue Oberamtei Kurze Straße 26 (1704 erbaut).
1730	Waiblingen muß sich am Bau der Neckarbrücke in Neckarrems und der Straße nach Ludwigsburg beteiligen.
1732	Neubau der städtischen Kelter (abgebrochen 1955 für Feuerwehrgerätehaus).
1735 – 1744	Aufhebung der Obervogtei.
1735	Während des Polnischen Erbfolgekrieges (1733–1736) übernachtet ein russisches Regiment in Waiblingen, Beinstein und Korb.
1737 – 1738	Neubau der Remsbrücke beim Beinsteiner Tor.
1738	Anlegung des Ochsenbrunnens.
1740	Neuordnung der Gemeindeverwaltung nach vorheriger Unordnung (Ämterkauf etc.).
1741/48	Bau der Schorndorfer Straße (bis 1749 über Heerstraße oder Beinstein ins Remstal).
1742	Durch einen vorbildlichen Waldvergleich werden die über Jahrhunderte währenden Streitigkeiten mit den umliegenden Gemeinden beendet. Waiblingen gibt zwei Fünftel seines Waldbestandes ab. – Beinstein erhält erstmals eigenen Wald.
1743	Ein Schwindler wird auf den Brühlwiesen enthauptet.
1744 – 1755	Letzter Obervogt.
1748	Letzte öffentliche Hinrichtung in Waiblingen.
1750	Die Stadt verkauft die Heinrichs- und die Waldmühle.
1750	Auswanderungen nach Polen und Amerika.
1752	Ausbau der Straße nach Fellbach.
1752	Neuer Herbergsbrunnen.
1755	Neues Lateinschulgebäude in der Kurzen Straße 51.
1758	Waiblingen muß seinen Salzhandel abgeben.
1759	Die Amsstadt wird Oberamtsstadt.
1762	Waiblingen muß zwei Amtsorte an Ludwigsburg geben, kauft dafür zwei von Schorndorf, muß aber diese 1765 wieder zurückgeben.
1765 – 1769	Waiblingen muß sich am Bau der Solitude beteiligen.
1771 – 1784	Neun Brände in der Unterstadt. Beim Brand von 1771 zwischen Kurze Straße und Markt: 7 Wohnhäuser und 10 Scheuern. Anlegung der Neuen Gasse.
1772	Einführung der Gebäudebrandversicherung.
1774	Auffüllung des Stadtgrabens (nun Mühlweg).
1796 – 1801	Mehrmalige Besatzungen während des napoleonischen Krieges; Michaelskirche zweimal als Magazin verwendet.
1806	Eröffnung einer Posthalterei (4. 10.) am Postplatz (abgebrochen).
1807	Das Kameralamt wird die neue staatliche Finanzverwaltung – bis 1888 Lange Straße 40, dann Bahnhofstraße 1.
1808	Das Oberamt Winnenden wird mit dem Oberamt Waiblingen vereinigt.
1812	Viele Verluste im von Napoleon aufgezwungenen Rußlandfeldzug. In Beinstein kehren von zehn Teilnehmern drei heim.
1816/17	Große Hungersnot – Erste Auswanderungen des 19. Jh.
1818	Errichtung des Oberamtsgerichts und des Gerichtsnotariats – Marktplatz 1, 1909 Bahnhofstraße 48.
1819	Erster Stadtschultheiß (1930 Bürgermeister). Die Städte und Dörfer sind nun selbständige Gemeinden. Der Stadtschreiber wird Ratschreiber mit eingeschränkter Tätigkeit.
1824	Oberamtsrichter Karl Mayer bis 1843 in

	Waiblingen (Schwäbische Dichterschule).
1825 – 1830	Erste Remskorrektion.
1826	Errichtung der Amtsnotariate.
1828	Der Beinsteiner Turm wird Oberamtsgerichtsgefängnis (bis 1864) und deshalb vom Abbruch verschont.
1830	Die Stadt übernimmt die Stadtmauern, Türme und Tore gegen eine Abfindung; die Stadttore bleiben offen.
1832	Abbruch des Schmidener Tors, 1838 des Fellbacher Torturms.
1832	Erster genau vermessener Stadtplan.
1834	Erste Volkszählung: Waiblingen 3 036, Beinstein 906, Bittenfeld 943, Hegnach 494, Hohenacker 515, Neustadt 922 Einwohner (zus. 6 815).
1835	Neues Mädchenschulgebäude, Lange Straße 44.
1836	G. F. Bihl († 1844) erfindet eine Maschine zur Ziegelsteinherstellung – Vorläufer der Waiblinger Ziegelindustrie.
1837	Erste Anlage des heutigen Friedhofs, vorher beim Kirchhof.
1839	Erste Lokalzeitung: Amts- und Intelligenzblatt, 1873 Remstalbote, 1940 Waiblinger Kreiszeitung.
1841	Vier neue Brunnen.
1841	Neben der Lateinschule wird eine Realschule eingerichtet, 1909 Vereinigung.
1843 – 1847	Zur Verbesserung der Poststraße werden mehrere Gebäude in der Kurzen Straße abgebrochen. Ausbau der Landstraßen nach Schorndorf (1825), Winnenden (1844) und Stuttgart (1847).
1847	Noch 228 Morgen Weinberge, Beinstein 174 Morgen, Bittenfeld 39 Morgen, Hegnach 52 Morgen, Hohenacker 102 Morgen, Neustadt 222 Morgen – nun allgemeiner Rückgang.
1848	Gründung einer Bürgerwehr (bis 1856).
1848	Gründung einer Weingärtnerzunft (Verein).
1857	H. Heß, vormals Bihl, begründet die Waiblinger Ziegelindustrie – »Stadt des guten Tons«.
1859 – 1861	Bau der Remstalbahn, Eröffnung am 18. 7. 1861, mit Telegraf.
1860	Gründung der Feuerwehr.
1860	Gründung der Seidenstoffweberei (bis 1971).
1861	Im Missionshaus, Beinsteiner Straße 11, beginnt die Gemeinde der Methodisten – 1917 Christuskirche.
1862	Aufhebung des Zunftzwanges; in Waiblingen gab es nur noch 12 Zünfte; 1850: 282 Handwerker (3 100 Einwohner). Waiblingen wandelt sich von einer vorwiegend Ackerbau und Weinbau treibenden Stadt zu einer Gewerbestadt.
1862	Gründung des Gewerbevereins, 1865 der Gewerbebank (ab 1940 Volksbank).
1862	Die Stadt erwirbt das ehem. Schloßgelände mit Großem und Kleinem Kasten.
1862	Gründung des Turnvereins.
1862/64	Bau des Oberamtsgerichtsgefängnisses (bisher Beinsteiner Torturm) statt des Fruchtkastens (bis 1968, abgebrochen 1971).
1865	Begradigung der Rems am oberen Ring (2. Korrektion).
1870/71	Deutsch-französischer Krieg: sechs Tote und ein Vermißter (1871: 3 500 Einwohner).
1872	Metrische Maße und Gewichte; 1876 Mark-/Pfennigwährung.
1872 – 1880	Erste größere Ausdehnung der Stadt in Richtung Fronacker- und Bahnhofstraße.
1875	Neues (5.) Rathaus auf dem ehem. Schloßgelände, abgebrochen 1959; altes Rathaus nun Knabenschule.
1876	Eröffnung der Murrtalbahn (26. 10.).
1876	Bau des Bezirkskrankenhauses (1873 – 1876); 1928 Erweiterung (Dökerbau).
1882	Die Posthalterei wird ein Postamt: Schorndorfer Straße 2, ab 1902 Bahnhofstraße 19.
1883	Kinderheim, 1877 in Stuttgart gegründet, in die ehem. Bahnhofsgaststätte, ab 1910 mit Säuglingsheim, 1924 Säuglingspflegeschule (bis 1975).
1884	Gründung der Allgemeinen Ortskrankenkasse infolge der Sozialgesetze.
1885	Gründung des Männergesangvereins (1972 Philharmonischer Chor), Vorläufer seit 1835.
1887	Bau der Wasserleitung in drei Phasen (1885–1891) mit Sickergalerie, 1917 Anschluß an die Landeswasserversorgung; 1926 Bau des Wasserturms.
1889	Die neue kath. Pfarrgemeinde mietet einen Betsaal, baut 1897 ein Oratorium mit Schullokal und eröffnet eine Konfessionsschule, ab 1917 Stadtpfarrei.
1892 – 1911	Neben den Ziegeleien entstehen verschiedene neue Fabriken, vor allem der Metallindustrie – u. a. 1892 Kaiser, 1899 Roller etc., 1909 Remswerk – Waiblingen entwickelt sich zu einer Industriestadt.
1894	Gründung der Oberamts-, 1938 Kreissparkasse (erster Versuch 1852–1858).
1900	Starke Bautätigkeit in der Fuggerei, Schmidener und Schorndorfer Straße mit Bevölkerungswachstum. 1880: 4 000, 1900: 5 100, 1905: 6 000, 1910: 7 000 Einwohner. Waiblingen wird auch eine Arbeiterwohngemeinde – mehrere hundert Pendler nach Stuttgart.
1901	Gründung des Metallarbeiterverbandes Waiblingen – ab 1909 Tarifverträge, 1913 erster Streik – 1945 IG-Metall.
1902	Neues vereinigtes Volksschulgebäude am Postplatz (bisher drei) mit Eröffnung einer Mädchenmittelschule.
1902	Eröffnung einer Mädchen-Arbeitsschule, 1929 Frauenarbeitsschule.
1904	Bau der ersten Turnhalle, 1949–1984 Turn- und Festhalle.
1905	Bau der Städt. Elektrizitätswerke mit elektrischer Straßenbeleuchtung; 1916 Anschluß an das Kraftwerk Alt-Württemberg.
1909	Eröffnung der Gewerbeschule im Alten Rathaus.
1910	Errichtung eines Staatlichen Bezirksschulamtes, Ende der geistlichen Schulaufsicht. Waiblingen ist eine Schulstadt.
1910	Erste Grünanlage (Luisenanlage).
1912	Abbruch weiterer Gebäude in der Kurze Straße für den Durchgangsverkehr Stuttgart – Backnang – Schwäbisch Hall.
1914 – 1918	Erster Weltkrieg: 246 Kriegstote = 7,1 % der männlichen, 3,5 der gesamten Bevölkerung.
1918	Ruhiger Verlauf der Staatsformveränderung.
1919	Frauen dürfen erstmals wählen.
1923	Inflation – neue Geldwährung (zuvor: städt. »Notgeld«).
1925	Beginn der Arbeitslosigkeit – 1933: 700 Arbeitslose.
1928	Bau der äußeren Remsbrücke.
1929	Bau der Realschule auf der Fuggerei (1950 Gymnasium).
1931 – 1938	Remskorrektion in zwei Abschnitten.
1933 – 1945	Drittes Reich: Das politische Leben dringt in alle Lebensbereiche ein; Beginn des wirtschaftlichen Aufschwungs, später durch Kriegswirtschaft.
1933	Die Stadt hat zwei Mio. RM Schulden, 1939: 1,2 Mio. RM.
1933	Entstehung der Stadtrandsiedlung »Sommerhalde«, 1935 »Wasserstube«; Baugebiet zwischen Altstadt und Murrbahn.
1933/34	Bau der Umgehungsstraße der Reichsstraße 14 (21. 4. 1934), heute alte B 14.
1936	Eröffnung des neuen Freibads (17. 5.), bisher Flußbad.
1936	Deutsche Volksschule (1. 6.) statt zwei Konfessionsschulen.
1936	Die Volkswohlfahrt übernimmt von der Kirche die Krankenstation, 1938 die Kindergärten mit städt. Zuschüssen.
1937	10 000 Einwohner (15. 6.), 1939: 10 825.
1938	Neue Sportanlage beim Freibad.
1938	Bei der neuen Landeseinteilung werden dem alten Kreis Waiblingen (bis 1930 Oberamt) Schorndorf und Welzheim zugeordnet. Waiblingen bleibt Kreisstadt (1. 10.).
1939 – 1945	Zweiter Weltkrieg: 487 Kriegstote = 9,7 % der männlichen, 4,6 % der gesamten Bevölkerung. In der Stadt müssen Evakuierte und Fliegergeschädigte untergebracht werden. (1946: 14 000 Einwohner). Waiblingen bleibt im wesentlichen von

	Bombenschäden verschont (Schwarzsender?). Bei einem Bombenabwurf sechs Ziviltote (21. 4. 1944).
1945	Besetzung der Stadt durch US-Truppen (21. 4.). Errichtung einer Militärregierung (bis 1952). Das gesamte öffentliche Leben wird nach demokratischen Grundsätzen neu gestaltet.
1946	Die ersten Heimatvertriebenen aus den Ostgebieten treffen ein; bis 1951: 3 700, bis 1956: 5 300 = ca. 30% der Bevölkerung.
1948	Die Währungsreform (21. 6.) beendet die wirren Wirtschaftsverhältnisse und den Schwarzmarkt. – Beginn der Bautätigkeit zur Linderung der Wohnungsnot, u. a. Römerwegsiedlung 1949/50. – Langsamer Wiederaufbau von Gewerbe und Industrie. Sämtliche öffentliche Einrichtungen müssen nach und nach erweitert oder neu geschaffen werden: Wasserversorgung, Kläranlage, Schulen, Kindergärten, Kindertagheim etc.
1949	Mit dem Grundgesetz (23. 5.) beginnt der Neuaufbau des öffentlichen Lebens und des Vereinslebens, u. a. Gründung der Volkshochschule (9. 9.), Stadtbücherei (4. 11. 1955).
1949	Elektrischer Vorortverkehr nach Stuttgart (1. 10.).
1950	Zweite Volksschule, erster Schulhausbau 1951/52. Die Oberschule, ab 1950 Gymnasium, wird Vollanstalt (2. 9.).
1953	Neue kath. St.-Antonius-Kirche, 1958 ev. Martin-Luther-Haus, 1971 kath. Heilig-Geist-Kirche.
1954	Entstehung der Rinnenäckersiedlung für Heimatvertriebene, 1956 Heerstraße.
1956	Neue Gewerbliche Berufsschule an der Dammstraße.
1956	Neues Feuerwehrgerätehaus (statt Kelter von 1732).
1958	Neues Landratsamt, Erweiterung 1984.
1959	Neues (6.) Rathaus auf ehem. Schloßgelände.
1960	Beginn der Remskorrektion.
1961	Neues Kreiskrankenhaus (1. Teil).
1961	Auslands-Partnerschaften mit Mayenne (F) und 1966 mit Devizes (GB) – Schüleraustausch ab 1962.
1962	Waiblingen wird als »Große Kreisstadt« untere Verwaltungsbehörde (1. 2.) – 22 650 Einwohner. Ausbau zum mittleren Verwaltungszentrum.
1962	Neues Staufergymnasium, 1968 Saliergymnasium; Staufer- und Salier-Schulzentrum.
1962	Elektrifizierung der Remsbahn, 1965 der Murrbahn; 1980 neuer Bahnhof, 1981 S-Bahn.
1964	Städt. Gebäude: Stadtwerke, 1967 Altentagesstätte, 1972 Rundsporthalle, 1974 Hallenbad, Jugendzentrum usw.
1966	Ev. Kirchenzentrum: Jakob-Andreä-Haus.
1966	Ausbau der innerstädtischen und nachbarschaftlichen Verkehrswege.
1967	Altenheime: Ev. Feierabendheim, 1970 kath. Marienheim.
1968	Beginn der Altstadtsanierung: 1968/69 Querspange, 1974/76 Marktdreieck, ab 1975 Altstadt.
1972	Eingemeindung von Beinstein mit 2 950 Einwohnern (1. 12.).
1973	Bei der Kreisreform bleibt Waiblingen die Kreisstadt des aus den ehem. Kreisen Waiblingen und Backnang gebildeten neuen Rems-Murr-Kreises.
1974	Fusionen der Kreisbehörden; neu: Arbeitsamt.
1975	Eingliederung der Gemeinden Bittenfeld (3 686), Hegnach (4 352), Hohenacker (3 904) und Neustadt (5 368 Einwohner); Kernstadt 25 000 Einwohner und Ortschaften 20 000 Einwohner, zusammen 45 000 Einwohner. Ausbau der Infrastruktur als Wohnstadt, Kreis- und Behördenstadt, Gewerbe- und Industriestadt, Schul- und Sportstadt, als kulturelles Zentrum mit kirchlichen und gesellschaftlichen Einrichtungen.
1976	Neues Berufsschulzentrum.
1985	Den Abschluß des Ausbaus der Mittelstadt bildet das neue Bürgerzentrum.

Bücher aus dem Konrad Theiss Verlag

Joachim Feist/Jörg Bischoff

Reutlinger und Uracher Alb

145 Seiten mit 100 Tafeln, davon 40 in Farbe. Kunstleinen.

Der großformatige Bildband über die Landschaft um Reutlingen, Münsingen und Urach. Die vielfältigen Unterschiede der Landschaft und ihrer Kultur, der Menschen und ihrer Lebensformen hat der Fotograf Joachim Feist in eindrucksvoll atmosphärischen Bildern eingefangen, ein charakteristisches Panorama, das Jörg Bischoff mit einführenden Texten zum Sprechen bringt.

Hermann Baumhauer/Joachim Feist

Ostalb

Bild einer Kulturlandschaft. 180 Seiten mit 112 Tafeln, davon 46 in Farbe. Kunstleinen.

Der große Bildband über die Region Ostalb. Eine landschaftlich vielgestaltige Region mit bewegter Geschichte wird in Text und Bild vorgestellt.

Carlheinz Gräter/Peter Fuchs

Hohenlohe

Bilder eines alten Landes. 196 Seiten mit 106 Tafeln, davon 39 in Farbe. Kunstleinen.

Dieser Band stellt auf über 100 Abbildungen nicht nur die hohenlohesche Landschaft, sondern auch die Zeugnisse ihrer Geschichte und Kultur vor. Text und Bild ergänzen einander in beispielhafter Weise und erschließen dem Betrachter den landschaftlichen Reichtum und die kulturelle Vielfalt dieses alten Landes. Die Beschreibungen der Keuperberge und Öhringer Börde, der Täler von Kocher, Jagst und Tauber mit ihren Städten und Burgen, Schlössern und Residenzen führen den Leser zu einem Fleckchen Erde, wo, wie es scheint, die Uhren noch ein wenig anders gehen.

Otto Rombach/Martin Blümcke

Im Herzen Württembergs

Das Neckarland zwischen Stromberg und Ludwigsburg, Enz und Bottwartal. 176 Seiten mit 112 Tafeln, davon 15 in Farbe.

Wolf Strache

Stuttgart – mit meinen Augen

104 Seiten mit 64 Farbfotos. Dreisprachiger Text. Kunstleinen.

Stuttgart-Handbuch

Hrsg. von Hans Schleuning. 476 Seiten mit 173 Abb., davon 23 in Farbe. Kunstleinen.

Ein reich bebildertes Sachbuch und Nachschlagewerk, das Fragen zur Erdgeschichte und Landschaft, zu Wald, Landwirtschaft und Weinbau einst und jetzt beantwortet. Es stellt die Entwicklung Stuttgarts zur heutigen Industrie- und Wohnstadt dar und informiert umfassend über die Schlösser, Gärten und öffentlichen Bauten.

Hermann Baumhauer

Baden-Württemberg

Bild einer Kulturlandschaft. 256 Seiten mit 156 ganzseitigen Farbtafeln. Großer Text-Bildband, Kunstleinen.

Der vorliegende Text-Bildband führt zu über 150 ausgewählten, besonders eindrucksvollen kulturhistorischen Sehenswürdigkeiten, die die Kulturlandschaft Baden-Württemberg charakterisieren.

Der einführende Text und die informativen Bilderläuterungen von Hermann Baumhauer machen den Bildband zu einem Lese- und Betrachtungsbuch.